明公啟示錄

解密禪宗心法

從《六祖壇經》行由品談起 三

范明公——著

開卷語

一、此套心法，已於文字之中灌頂巨大加持之力量。

二、只須堅信不疑，恭敬讀誦即可獲無上力量之加持。

三、讀誦之時，身心有不同程度的感應實屬正常，乃感應
　　交道之現象。

四、信奉受持此書文字，即可獲得強大息災、轉運、袪病、
　　富貴、滿願之增上緣。

五、信奉受持此書，於現實中必有諸多神蹟示現。

目錄

第二十一章

汝若返照密在汝邊

如人飲水冷暖自知

六祖惠能藉由對惠明的傳法，把這個真諦又一次向我們揭示。惠明再問，「還更有密意否？」【惠能云：「與汝說者，即非密也。汝若返照，密在汝邊。」】我告訴你了，就已經不是祕密了。真的就這麼簡單嗎？其實不這麼簡單，你這叫知理，就是知道個理，怎麼用？有人說：「我就放下了，天天傻呵呵的往這一放，什麼也不想，吃的來了我就吃，也不去計較、不去比較，穿的有一件就行了，書也無所謂看或者不看。」這叫得過且過，不叫修行。

不要以為理解這個理了，你一去做的時候就又偏了。你有可能以前偏向這一面，現在理解理以後，可能又偏向那一面了。「那我知道了，執著於什麼，我就放下什麼，我不去執著。范老師這樣講了以後，《六祖壇經》我學到這裏已經不用再學，應無所住而生其心，我什麼都不執著了。我喜歡范老師講的《六祖壇經》，一直看了這麼多，那算了，我現在不執著於他的書，我放下，不聽了。」

其實我這些年教的學生當中，就有這樣偏執的，學著學著到了某一階段，覺得一下徹悟了，說：「老師，我最放不下的就是聽你的課，我現在終於悟到了，我放不下什麼就得放下什麼，我執著於什麼就得放下什麼，我明天不來上課了！」從此以後他就不來，這樣的同學不止一兩個。就回家玩去了，想幹什麼就幹什麼，倒是自在自由，這不

就是從一個極端，走到另一個極端去了嗎。沒學成就跑了，說：「老師，我明白了，放下了。」從此以後什麼也拿不起來，什麼都不執著了。對感情也不執著，對身體也不執著，對財富也不執著，對什麼都不執著，結果在世間就變成一個混子。混子就是什麼都無所謂，但美其名曰「我放下了，我不執著」。放下，你手裏得先有個東西，什麼都不會，就放下了？你得拿起來以後才能放下！

又繼續說：「老師，你給我們正在講的不就是放下嗎？不就是告訴我們放下嗎？我現在說放下就放下啦。」我是講放下，但你都沒入門，就放下了！你現在手裏拿的亂七八糟一大堆東西，都是沒用的東西，你從來就沒拿起過有用的東西，你放什麼？你放下的都是那些胡扯的、沒用的、雜七雜八的東西。你只把這些都放下，你就得道了嗎？

又問：「老師，這是什麼理啊，我已經聽不明白了！」還是沒跳出你的邏輯。所謂放下，一定得是在「有」的前提下再談放下。說：「老師，你剛講了不能執著於世間，執著於世間就會迷戀世間，我們就修不了、提升不了，所以我們得放下。」但是同時話又說回來，自古以來求正法、求正道的這些人哪一個不是堅韌不拔。

什麼叫堅韌不拔？就是極其執著，如果不執著，不堅韌不拔，沒有一顆為法能夠拋家捨業，能夠拋棄一切的心，沒有這個態度，明師能教你嗎？能帶你入道嗎？你有這顆執著的心，堅忍不拔的心，找到了明師，明師帶你入道，入道的第一堂課一定是告訴你放下，放下世

間的一切。但你是不是又拿起了法，又執著於法，堅定不移的、堅韌不拔的去修這個法，而修這個法修的是什麼？就是放下。

有人感覺：「不行了，我這腦袋都不夠用，到底是放下，還是應該執著、堅韌不拔呢？」你看你又分裂。為什麼？你還是在尋找到底放下好，還是堅韌不拔好。老師告訴我放下就全放下，法我也放下；老師告訴我一定要堅韌不拔，對法執著，然後對其他也執著了。這樣的話你就是在兩個極端不斷的來回走，你會越來越分裂，越來越撕裂。「那是不是應該對法執著、堅韌不拔，然後把世俗的情感都放下？」你是不是又在分裂了。

那到底怎麼辦？言語道斷，用語言能表達清楚的話就不是道。那我到底該放還是不該放？如果我告訴你該放不該放，或者告訴你什麼標準該放，什麼標準不該放，我就是個凡夫。凡夫對凡夫來講佛法、來講道是不可能的，永遠都不可能。你聽法聽其意，而絕不是聽其言。所以孔子跟我們講：「言語道斷」、「書不盡言，言不盡意」！語言再表達，也表達不出那個真實的含義。因為話一說既落兩邊，我對你說放下，其實本身我已經落了一邊，也就是極端了；當我說你一定要堅韌不拔，一定要執著，其實已經又落入一端了。

語言是平面，語言是直線，絕不可能用語言把一個事物的立體整體一下完整的表現出來。所以言語是有局限性的，怎麼表達都不行，怎麼表達都會偏，這叫既落兩邊。兩邊就是要嘛東、要嘛西，要嘛南、

會見面的話，我會帶大家體驗，讓大家來看什麼叫「心中有蓮花，處處是蓮花」。你心中有蓮花你就看不見垃圾，垃圾就在面前你也一定看不見。我就給你做這個體驗，你會非常震驚！你不知道原來是這樣，還以為你看到的就是整個宇宙、世界的全貌！其實你根本就看不見全貌，你的視野很狹隘，只看到你想看到的東西。

如果再給你做個實驗，你就會發現你是睜著眼睛的瞎子，凡人、迷人就是睜著眼睛的瞎子、長著耳朵的聾子。任何人說話，只要你不想聽見的一定聽不見，在你耳邊喊你都聽不見。帶你做個體驗，你就能知道是怎麼回事，親身體驗後，你再想想佛經裏的這句話，會有完全不一樣的感受。

僅知道理不行。明白心中有蓮花處處是蓮花，改變我的心世界就變了，這只是知道這個理，真正想修行的話，理不通肯定不行。理是基礎、是根本，但只知道理沒有那些體驗，就無法從內心去感悟，這些感悟可比你知道再多的理都有意義、都有用。但是這些體驗一定是面對面的口耳相傳，絕不可能在書裏帶大家去體驗，帶大家感受這個世界。所以書就是結有緣人，所有的理和顯學的部分就在書中廣傳出去。

有緣人來了以後，我們後面有課程、有法會。那個時候就是帶大家做體驗，來感受宇宙的真諦是什麼，人生的真諦是什麼；你為什麼那麼痛苦，你的痛苦根源在哪裏，怎麼能一下就把你的痛苦化解掉；

智慧流露到底是什麼樣的一種感受，都會讓你去體驗。這個就是密修、密傳的部分，當然還有更密的、更根本的東西那是針對弟子去傳，那就必須擇人，就不僅有緣，還得經過各種考驗，然後一步一步的帶著弟子修行。那個時候你就知道什麼是天地，如何接受點化開天眼，什麼是五眼六通，如何與宇宙萬事萬物溝通。

真成為弟子以後，會在你的面前再開一扇窗。你以為現在已經看到世界的全貌，其實你僅僅看到世界的一點點，連一半都沒看到。等真正入了道、入了門，你再看世界、看宇宙，就知道什麼是無限擴展的空間，你才知道神仙掌握了什麼、神仙是怎麼回事，歷史中所有的那些神話、那些傳說到底是怎麼回事。人是怎麼來的？宇宙是怎麼來的？都是怎麼發展？其規律是什麼？

我們從這兒開始起修，從這兒開始學，先從理上明。如果想修行，那是一套完整的體系，顯學、玄學、心法、密修的一整套體系。有太多的定理定律，太多你要學的東西，太多顛覆你的東西，太多你要掌握的東西，要掌握的道，要掌握的術，要掌握的玄學和密修密法，那將是真正的修行之路。為什麼自古以來都是最有智慧的人走向這條路，都是大智大勇者走向這條路，這條路太迷人，太令人嚮往。

我們學《六祖壇經》，只是從理上明，也就是明心。知道有這顆心，再去找這顆心的狀態，那還做不到見性。見性一定得是自己感受出來，見性是一種真正的自心常生智慧，那種智慧不離自性，感受徹悟那種感

第二節 | 自我平衡本我超我　拿起放下清淨無餘

　　我們人既有本我的部分，就是為了自我的欲望，不擇手段，這叫本我；每一個人也都有超我那部分，超我就是良知道德；而本我和超我相互制約，還有一個自我的部分，這是弗洛伊德提出的。你看他講的不就是太極嗎？本我即是太極中的黑，超我即是太極中的白，他們是自然平衡的，還有中間那條線就是自我，到底偏向於黑還是偏向於白是由自我決定的。

　　我們在學習改變什麼呢？學習改變自我那部分。我們從小受教育是自我部分要向黑擠壓，把黑越變越小，越來越放大白。那現在我們該學什麼？我們現在就要把自我部分放在中間，我允許黑、即是本我的存在，本我即是我的欲望，欲望是為了生存和繁衍，這是非常正常的，我不要去詆毀、誹謗、壓抑我的本能、我的欲望。

　　那最根本的欲望又是什麼呢？我們的欲望太多了，但最根本的欲望即是食和色，即吃和性。為什麼？食是生存之本，如果對食物沒有欲望就無法存活；色、性是繁衍。其實我們最根本的兩大欲望都是從我們人最根本的意義上來的，即生存和繁衍。生存是第一位，如果沒有生命什麼都談不上；繁衍，是宇宙自然包括整個人類必然的一個生物趨勢，生存和繁衍是我們兩大最基本的意義。為實現滿足這兩個意義，就有了食，針對生存；色，針對繁衍。孔聖人說「食色，性也」，

那是人的本性，你不能去磨滅它、壓抑它。

　　所有修道人記住這一點，對食和色，既不能過度的放縱，也不能過度的壓抑，否則都會有強烈的副作用。如果你跟人的本性相對立、相對抗，連普通的人、正常的人都做不好，怎麼可能成佛作祖！所有的聖人、成佛作祖的人，首先都是正常的人，然後是圓滿的人，然後才成佛作祖的，你不能與人性相違背。現在的這些修行人，一上來就戒色戒食，從食和色開始下功夫。覺得自己以前好像挺放縱，然後就一點兒都沒有了，堅決不要它，必須壓著它。你從一個極端走到另一個極端，那不是修行，那偏執的很！

　　所有的欲望，都是從食和色延伸出去的，這是最根本的兩大欲望。所有的欲望，包括你創造的欲望、開疆擴土的欲望、積極進取的欲望、功成名就的欲望、為人民服務的欲望、要幫助全人類的欲望，全都是從這最根本的食和色兩大欲望延伸出去的。你既不可以放縱食和色，也千萬不可以壓抑食色欲望。你不要以為壓抑食色欲望，你就能擴展成無私的、為全人類服務的欲望。完全錯了！你連食和色的欲望都沒有，哪還有其他的欲望。把這兩個根本的欲望真的掐住、壓抑了，那所有的欲望，包括為人民服務的欲望，救苦救難的欲望，都是胡扯，根本都沒有。

　　然而，你如果放縱這兩個欲望，就意味著你就執迷、癡迷於吃和性，這時你就陷到裏面了，就是動物。你只是在本能狀態下，就沒有靈

性，就沒有為人民服務，沒有大乘佛法的那種救苦救難的想法，那些就延伸不出去，包括靈感、創造、開疆擴土、積極進取、功成名就，這些就都沒有了。為什麼？你太癡迷、陷入食和色，這是最根本的但也是最低層次的欲望。所以食和色這兩個欲望對修行人來講一定要掌握好分寸，不要放縱、癡迷、陷入到裏面，又不要壓抑、否定、排斥它。掌握好太極平衡之道，什麼都是平衡，我先平衡，最後連這個平衡都不要、不執著，那個時候就是清淨。

但是，你首先得拿到一個平衡。以前我們是不平衡的，都在不斷的取捨，而取捨的狀態就是要嘛感覺陰盛陽衰，就要陽不要陰，然後就陽盛陰衰了。我們每天都在做這樣的事情，這時我們就是凡夫。要一點一點把比較、分別、取捨的狀態平靜下來，這樣一點一點相對平衡。但平衡的狀態還不叫聖人的狀態，聖人狀態是連平衡都不要，一下就無了，才叫清淨。

你一定得有一個從不平衡到平衡，再放下平衡的過程，最後變成清淨的狀態，這才叫清淨至無餘的狀態。這個狀態才叫聖人的狀態、佛的狀態。所以說要想放下，還得先拿起，不拿起我放什麼。無序的時候、混亂的時候我要秩序，拿起秩序來破無秩序、破混亂。迷人都是混亂著的，把混亂的人先變成順著的人，順著宇宙自然規律的人。真正成為順著的人以後，不亂了，有序了，再把不亂和有序放下。

拿起後再放下就達到至人、聖人、佛、真人的狀態，這個狀態就

叫無為的狀態。先從二，也就是越來越混亂的狀態變成一，之後把一也放下，這不就是逆則成仙嗎？順是由無極到太極，由太極到兩儀，兩儀、四象、八卦、六十四卦，就這樣分出去，宇宙萬事萬物就出來了，這叫順。逆是往回收，又變成了陰陽，陰陽變成了太極，變回了一，又回歸到無極，回到本體，這就是逆則成仙的過程。

所以，放下即是要拿起，拿起還要放下。先拿起後放下，即是放下拿起的那個。有人又不行了：「老師，到這兒已經看不懂了，實在是理解不了。」修行人得有大智慧，修行的人不可以偏執、執拗。不可以說不行，我腦子反應不過來，這不合邏輯、不合道理，道理應該是什麼什麼，這樣你還是在那個邏輯狀態下，還是放不下。先放下這個模式，讓自心智慧流露出來，不離自性。等到後面的時候，所有我拿起的都要放下，連「放下」我也不要，那個時候大智慧自然現前，那才是轉識成智。這個就是修行的狀態，最後達到孔聖人的狀態，隨心所欲不逾矩。就達到了道家的無為、無不為的狀態，就達到佛家所謂的涅盤狀態。儒釋道其實是一回事。

第三節｜農禪並重五祖正佛教　佛法無二用心去感受

「汝若返照，密在汝邊。」你好好去悟，所有的精髓都在這裏。你如果真的能夠用我教你的方法，屏息外緣，不思善不思惡，然後去

觀察這個狀態下的自我，你就會掌握修行的祕密。【明曰：「惠明雖在黃梅，實未省自己面目，今蒙指示，如人飲水，冷暖自知，今行者即惠明師也。」】惠明是第一個認六祖惠能為師父的，是第一個被六祖惠能點化開悟的。其實當下並沒開悟，但是後來惠明還是開悟了，數年以後成一代祖師，也開創了他的法脈。惠明就是在這兒得來的法。

　　但當時他懵了，有點感應，但不知道感應到什麼，後面參了很多年，才一點一點領悟惠能教他的法。他用這種方式不斷修自己，即是讓自己處於一種屏息外緣，不思善、不思惡的境界，然後幾年以後智慧一點一點流出來，才明白一些，並沒有多麼徹悟，但還是明白一點了。

　　惠明這句話是說，雖然我在黃梅五祖那兒修行，其實不知道學了些什麼，我也說不明白我在你這兒得到的感應，就像喝下的水是溫的還是涼的，是冰的還是熱的，只有喝的人才知道，你感覺是涼的但我感覺是溫的，每個人感受是不一樣的，講不明白，但自己心裏知道。

　　「今行者即惠明師也」，有人就問是不是五祖弘忍教得有問題啊？這麼多人怎麼都沒學明白呢？只有六祖惠能明白，這是怎麼回事？其實不是五祖教的有問題。五祖是非常厲害的一個人，對整個佛教在中土發展也起著至關重要的作用，貢獻非常大。

　　有個傳說，講五祖的來歷。五祖弘忍的前世是一個修道的人，而且修行境界很高。離他修行的地方不遠，就是禪宗四祖道信講經說法

的破額山。五祖的前世是道人，修得很長壽，修有所成，但是不究竟，他後來找到了四祖，一看就發現四祖是得道之人，修得很究竟，他就想要跟四祖修行。但是四祖對他說：「你這個歲數，我即使教你，你有所感悟或者有所成就，也無法把我這法脈傳承下去。」意思是五祖歲數太大，死得可能比四祖還早，即使四祖教他，但是他人沒了，這法脈怎麼往下傳呢？那時候都是單傳，像達摩傳慧可，三祖傳四祖，四祖傳五祖，都是單傳，不是廣傳，五祖傳六祖也就傳了一個。當然，五祖的前世也是求正法，而正法只能一個人來傳遞，所以四祖說的也有道理，你都快一百歲了我再傳你，以後你死得比我還早，那我這法脈如何繼續傳下去。

弘忍的前世一聽這話也對，心中有數，轉頭就走了。走到一條河邊，看見一個少女在洗衣服，五祖前世走到這少女面前，一看少女福德圓滿，狀態特別清純，對這個少女說：「我能不能在你這兒？你能不能收留我？」感覺意思就是收留我住下。少女一聽這話，一看一位老道士，就說可以呀。她只是以為要到她家去寄宿，就說：「那你就到村子裏吧，我是沒問題，你到村裏問一下我的父兄，只要他們答應你就可以住。」五祖前世說：「不用他們答應，你答應就行。」這個少女說：「那行，我答應，沒問題。」「善哉善哉，多謝！」五祖前世就走了。

這個少女回到家裏之後，沒過多長時間就懷孕。那個時候，沒結

婚就懷孕，是絕對不可以的，所以少女被父兄、家人趕出家門，覺得她傷風敗俗。而後少女十月懷胎，現在能想像出來一定特別苦，但最終生下弘忍。孩子生下來也沒法養，她就把孩子放到河裏，這一段好像跟唐玄奘有點像似的，感覺傳說都差不多。她一邊放一邊對孩子說：「孩子對不起，媽媽也沒法養你，我自己都養活不了，還叫人唾罵著……」當時女人也不能找工作，根本不知道怎麼辦，自己能活多長時間都不知道，孩子放到河裏之後，這個小筐就逆著河水往上漂，一直不走。女子無奈的說：「孩子你要是真的不走，只能母子相依為命，反正如果要餓死就一起餓死吧。」然後就拼命的撫養他。

孩子四五歲的時候，有一次四祖下山，一眼看見這個女子抱著這個孩子，就說：「這個孩子可不一般，還是讓我帶走，入佛門吧。」孩子媽媽說：「這孩子太苦了，跟著我也是苦，如果他真的能夠在佛法上有造就，那真是太好了。」我們要知道以前古代都是尊師重道，如果真的能有機緣修行佛法，那是最高等的人。本來這個孩子長大以後生活都無著落，真要是能被師父帶到山上修習佛法，那實在太好了。

這個孩子就是五祖弘忍的投胎轉世，「四祖不是說我年齡大嗎？我重新投胎，變成孩子再來，你到底教不教我？」後來五祖就到了四祖的廟裏，特別刻苦，很快就成為佛門典範。在四祖活著的時候，弘忍還沒成為五祖，全國各地就有好多人專門來參拜弘忍。四祖後來沒有任何爭議的把衣缽直接傳給五祖弘忍。

五祖後來開東山法門，開始講經說法。他對佛教非常重要的一個貢獻，就是由他開始提倡「農禪並重」。也就是說在這之前的和尚，尤其在印度，印度到現在都是，出家人不可以做任何工作，只能專心修行，由在家人供養，傳到中土也一直是這樣。但是這就有個問題，一旦在某個朝代出家人太多，而且都是年輕人的話，就會出現生產力降低，幾個家庭就得養一個和尚，那個時期自己家都吃不飽，怎麼還能養得了和尚。所以，中國古代有四個朝代的皇帝大興佛法，都對當時社會的整個生產、生活造成極大的副作用，甚至極大的傷害。

　　例如，梁武帝時期，正所謂「南朝四百八十寺」，不僅是建寺廟動用大量的勞工，浪費資源；同時還鼓勵年輕人出家，那個時候有差不多三分之一的年輕人出家，出家以後就不幹活了，都靠在家人供養。官府又給寺廟撥土地，可不是和尚耕種，而是官府派農民去給寺廟種地供養出家人。所以既勞民傷財，又缺乏勞動力，舉國怨聲載道。如果這樣下去，國庫空虛，而且沒有人當兵，沒有人種地，社會生產力急劇下降，外族躍躍欲試要來侵略，國家將亡。因此，梁武帝的太子才聯合宦官把他爸拘禁餓死了。梁武帝本身造罪、造業，下場很慘，而他的兒子也一樣，下場很慘。

　　這種局面是什麼時候才緩解、打破，就是五祖弘忍開創農禪並重，僧人開始自給自足。這是歷史上的真實事件，五祖即使年紀很大了，還是親自耕種，親自幹這些雜活，以此為榜樣。所以弘忍是非常了不

得的一位高僧。不僅是理法上，各方面來講都是一代高僧，堪為表率。農禪並重一項舉措，和尚開始勞作，後來的百丈定禪規，就是受五祖弘忍的影響，中國的和尚才有這一個規矩，「一日不作，一日不食」，即一天不工作，一天就不能吃飯。這一下就解決了僧人自給自足的吃飯問題，給社會減輕太多的負擔，非常的偉大。

其實不是五祖弘忍教法有問題，那個時候，五祖只能傳一個傳人，因為那時都是單線密傳，六祖惠能就是最後一個單線密傳的傳人。從六祖惠能這兒開始，才是一花開五葉，開五宗七脈，整個禪宗廣傳於中華南北。

惠能對惠明講「與汝說者，即非密也」。這句話裏有一層意思是，說出來就落到了言語、字面，言語道斷，就已經不是密傳之法。有概念就不是密了，密是要用心去感受的。「汝若返照，密在汝邊」，佛法無二，只有一，沒有言語，要用心去感受。

惠能讓惠明首先要「屏息諸緣」，惠明在等惠能給他講法的時候，還不知道惠能講什麼，所以這個時候他心裏不會呈現對錯等等，這叫屏息諸緣。「明良久」，惠明等了好長時間的這個狀態，就是對錯不分，就像宇宙洪荒一片混沌的狀態，就是不思善不思惡的狀態。惠能只要一開口，不管他說什麼，其實都已經不是他要傳的東西了，這就是言語道斷。一開口說出話來，密已經不存在了。所以，真正要想修的話，只有返照，即不要從我說的字面上去理解，返照就是要返回內心，屏

息外緣，這就是一個放下的過程。什麼都沒有生，也沒有滅，這時就是清清淨淨本來的面目。有的時候我們一下懵住了，腦袋一片空白，這時就是這個狀態，這時最容易出現智慧。

「今蒙指示，如人飲水，冷暖自知，今行者即惠明師也」。惠明說，我說不出來，但是我有感覺。其實他僅僅找到一點消息，就是有了一點感覺，現在還沒有徹悟。惠能就對他說，【「汝若如是，吾與汝同師黃梅，善自護持。」】意思是你如果有了這個想法，那麼，其實我和你都是師從黃梅五祖弘忍的弟子，要好好自己護持佛法。護，是護法；持，是修行加持。也是對惠明說，你以後要好好護持剛才我教給你的。

【明又問：「惠明今後向甚處去？」】我以後應該往哪裏去呢？看來惠明也不想回黃梅。【惠能曰：「逢袁則止，遇蒙則居。」】這句話和五祖弘忍對惠能說的「逢懷則止，遇會則藏」有點像。意思是在袁州停駐，居在蒙山。袁即袁州，是現今江西宜春袁州縣。後來惠明離開惠能之後，先在袁州參悟三年，有點感覺了，然後到蒙山建廟，開始廣傳惠能的禪法。惠明這三年不能說修成，只是有點感悟。其實惠能根本沒教他密法，因為惠能那時剛從五祖那裏得法，他也還不會。

關於蒙山還有個典故。惠明到蒙山之後碰到一個鬼。剛到蒙山的時候，還沒有廟，惠明就在荒山野嶺間，入定打坐的過程中，感應到了這個鬼。鬼找到惠明，因為此鬼是個秀才，於是給惠明作了一首詩，

由此惠明就有緣超度這個鬼，所以現在我們把超度都叫做「放蒙山」。這個典故就來自於惠明。

但是惠能「逢袁則止，遇蒙則居」這段故事是比較有爭議的，因為看來惠能好像有預測功能，其實那時候他還沒有。後來他被惡人追殺都不知道，躲到山裏，差點被人燒死。在獵人隊裏，經過十五年的修行，他才真的徹悟，而現在他只是知道理。那天晚上，五祖弘忍一定把密修之法教給惠能，但是只教還沒練。所以，「逢袁則止，遇蒙則居」這段話在《六祖壇經》的敦煌本裏根本沒有，只有一句說惠明直接北上走了，也沒問惠能。「逢袁則止，遇蒙則居」應該是後面加進去的神蹟。

修行不僅要通理，理通其實還得繼續修，都是在修行過程中的智慧流露。當時的六祖惠能，就像一個未經雕琢的寶玉。他在獵人隊那十五年，才真正是在雕琢，雕琢十五年後，才光芒四射，然後才能廣傳佛法。而此時還不行，自己還被人追殺中，還左右不了運勢、命運。

【明禮辭。】惠明禮拜後就和惠能分開。【明回至嶺下，謂趁眾曰：「向步崔嵬，竟無蹤跡，當別道尋之。」】惠明跑得快，剛才已經跑到大禹嶺上面，追上惠能。現在再回到嶺下，告訴眾人，這個山頂沒有惠能的蹤跡，「我已經跑到山頂，他沒往這條路上走，向別的路去找吧。」這是惠明在保護惠能，因為他沒想殺惠能，沒搶衣鉢，但不排除別人會搶衣鉢，萬一把惠能殺了，所以他在保護惠能。【趁眾咸

汝若返照密在汝邊　如人飲水冷暖自知

以為然。惠明後改道明，避師上字。】雖然惠能跟惠明說他們就是師兄弟，但是惠明已經把惠能當師父，為了避諱「惠」字，所以把自己的號改成道明。

第二十二章

應是不住相布施

無須每見生命盡放之

【惠能後至曹溪。】到了曹溪，這裏寫得很簡單。其實是先到劉善人那裏，住了九個月。《六祖壇經》除了有幾個版本之外，其實還有一個叫《曹溪大師傳》，裏面有很多惠能的傳說，包括他從小的身世，裏面就講惠能到曹溪之前，是先跑到廣州那一帶，劉善人給他建了一個廟，然後講經說法九個月。【又被惡人尋逐】，後來被惡人發現他在廣州，把他追到大山裏，放火燒山，惠能躲在山裏的一個石頭裏，才沒被燒死。現在還有「藏身石」的遺跡，也是六祖惠能六大神蹟之一。【乃於四會避難獵人隊中。】惠能從山裏出來，跑到四會，躲在獵人隊中，就隱姓埋名躲起來。

在獵人隊中躲了十五年。【凡經一十五載，時與獵人隨宜說法。】其實那些獵人根本也聽不懂法。六祖惠能從湖北的黃梅回到廣州劉善人那兒，九個月講經說法，也沒寫他度幾個人。後來被人追殺，到獵人隊十五年，給獵人「隨宜說法」，也沒說度了哪個人。這說明那個時候，六祖惠能還是在修的過程中。我們說「自心常生智慧」，這是本體，當這樣練的時候，我們是有一些智慧能生出來，但是這種有點像隨機的，不好把握。

就像愛因斯坦、喬布斯，他們突然之間智慧流露。相對論也不是積累出來的，我們前面講過關於愛因斯坦的「相對論」，就是一種智

慧流露。那不是愛因斯坦在這個世上積累、學習來的，不是他研究物理學的定理得來的。所有那些真正能夠扭轉或者轉變科技史的大科學家，都是靈感迸發，沒有誰是積累來的。像「相對論」的一系列定理定律，是突然一下就出來，怎麼出來的？這一世愛因斯坦沒積累，不代表他以前生生世世也沒有，那些東西都在我們的阿賴耶識裏，那叫藏識。可能以前人家就已經把那些東西都研究出來了，都在他的藏識、阿賴耶識裏面，當機緣成熟的時候，一下就迸發出來。

愛因斯坦迸發出相對論，凡人怎麼就迸發不出來呢？成功者有成功者的模式，凡人有凡人的模式。凡人的模式是不斷的強化理性、邏輯、分析、推理、判斷，不斷強化左腦，就會壓制右腦。右腦才是真正的全息，才是一個整體，才是我們的阿賴耶識、藏識；左腦是現代腦、現實腦，是碎片。我們生生世世以來的那些東西，都在右腦；左腦是應付當下的，我們的語言、文字、溝通，我們的分析、判斷、推理、決策全都是左腦，它是碎片。左腦又叫邏輯腦，右腦叫形象腦。

所以迸發智慧，我們每個人都可以，因為我們每個人生生世世肯定什麼都做過，各方面的科技肯定也都掌握。但是，你的凡人模式不斷強化左腦的過程中，就在壓制右腦，所以靈感迸發不出來。如果練習放下左腦，放下分析、判斷、推理和思考，右腦會迸發出什麼來，其實也不知道，因為那是隨機的。愛因斯坦迸發出相對論，是因為他對物理學感興趣，這一生就奔著物理學去了；但我們能迸發出什麼來，

不知道。

其實修行不僅是讓左腦不屏蔽右腦，讓右腦處於一種暢通、不壓抑的狀態；其實還有一種，叫針對性的顯露智慧，那是有方法的，這就是我們密修的部分。六祖惠能在獵人隊十五年當中，他修什麼呢？六祖在去五祖那兒的時候，就已經不離自性，自心常生智慧，但那是隨機迸發出來的，沒有指向性，沒有靶向。後面為何要修密法，就是為了更有指向性。六祖惠能就指向講經說法，他從來都沒看過佛法經書，只是讓別人給他念，一念他馬上就迸出了經中真義，以及佛理、佛法。六祖惠能從獵人隊出來以後，他修的其實就更有指向性了。

多數人會無意當中智慧流露出來，但是，或者過後就消失，或是這兒流一下，那兒流一下，沒有指向性。前面我們說過大仙兒對人的命運，或者對要發生什麼事，一下有靈感冒出來，一下就能接受到全息的訊息，但是由於他沒有修練過密法密術，就沒有指向性。後來靈感怎麼消失的，他也不知道，而且一點一點就慢慢消失了；就算不消失，見著這個人有靈感，見另一個人可不一定就有靈感。其實這都是不究竟，真正的修行一定要有指向性。

當你知道了理，還得有師父教你密術，打坐也好，入定也好，教你方法，就有指向性，你再繼續不斷的練。練習多年以後，就能像六祖惠能一樣，他的指向性在於，任何的佛經、佛典拿來，都可以把經典的真義、本意直接呈現出來。而愛因斯坦的指向性就在物理學界，

但是他的修行方式和我們不一定是一樣的方式。但是，佛法是不二法門，所有的真理其實只有一個，他即使跟我們有不同，也一定是大同小異，是相似的，理也一定是同一個理。

六祖惠能在獵人隊中躲避十五年。其實也就是因為還沒修成，才逃了這十五年。如果已經修成，他還逃什麼，如果真有大神力，自己的命運就能調整和轉化，自己調心就能轉自己的命了。惠能給人講經說法，其實是在轉眾生的命，在引領眾生，破迷開悟，找到自我，然後改變自己的命運，最後圓滿人生。那既然他能引領眾生、轉眾生的命，他自己不能改變自己的命運嗎？所以，六祖惠能十五年以後從獵人隊出來，即是他已經可以面對命運，能左右或者轉化自己的命運，有把握了，所以他才會出來。

六祖惠能二十四歲到黃梅，即是他二十四歲已經得法，經過在獵人隊的十五年，他已經三十九歲。六祖惠能三十九歲才正式出來講經說法，一直到七十六歲虹化，講經說法三十七年，給我們留下一部寶貴的《六祖壇經》。在佛法經典裏，《六祖壇經》是唯一聖人在世時親自認可的經典。除此之外所有的經律論，其實都不是佛親自認可的。釋迦牟尼佛在世時，是不允許留文字。兩百年後，是他的弟子們重新聚集起來，分成了上座部和大眾部，然後回憶佛祖當時在某個法會上怎麼講的，大家共同認可，形成了佛經。還有一批佛經，像龍樹菩薩等的佛經都是在夢中，或者在定中得到的，又或在伏藏，亦即是在定

中的意伏藏，如此出來的佛經。這些佛經都沒有經過釋迦牟尼佛祖當時的認同，而《六祖壇經》是唯一一部，聖人在世的時候親自認同的經典，非常難得。

真正學佛法，其實一部《六祖壇經》足矣，其中包含三藏經、經律論全都在其中。尤其中國人學佛，不可以無視《六祖壇經》。有些學佛的人，認為六祖惠能是中國人，而真正的佛法、正宗佛法應該是從印度傳過來的，都是印度梵文。這種認識是貶低中國人自己，這樣的人更要不得。對所有中國、中土學佛的人來說，《六祖壇經》是第一經，如果中國人自己寫的經典，聖人自己編著的經典，你都看不懂，更不可能懂印度梵文翻譯過來的那套佛經。

第二節｜自然規津莫干涉　住相布施無功德

【獵人常令守網，每見生命，盡放之。】如果真的讓六祖惠能守網，那他得放生多少獵物啊，而獵人隊是以打獵為生的，所以這個描述不太可能，應該也是後面加進去的情節。因為，作為一個真正的大德，已經悟道，是沒有分別的。比如說我們在大草原觀察動物，看見羊，覺得很可愛，但是當你看見狼在羊的後面，馬上就要撲羊時，按常理來講，你是善人，是不是要想辦法給羊一個提示？但是，當你給了提示，羊雖然跑了，但狼沒吃著羊，也可能會被餓死，可能這頭狼還有

小狼呢。其實我們是在用自己的善惡評判大自然，而人真正應該做到觀察就是觀察，不應該干涉大自然。我們認為羊是食草的弱者，而狼是肉食動物，要偷襲羊，所以狼就是壞的。這都是我們自己在分別，其實我們不應該去管大自然的變化和運行，把羊放走，對狼公平嗎？狼有可能再也找不到羊，因此而餓死，小狼們也都餓死了。

這樣寫六祖惠能，也是在表現他的善，其實這和前面所寫的是有違的，他在獵人隊中，就該做他應該做的事。再試想一下，獵人以打獵為生，他放走了獵物對獵人公平嗎？六祖惠能真的「每見生命，盡放之」，那獵人們傻呀，放幾次後獵人還可能一直讓他去守網嗎？那樣獵人們還怎麼打獵，早餓死了。所以這裏的描述不符合常理，放兩次就讓他做飯去了，但如果真是如此，讓六祖惠能去當廚師也不一定能當好，捕了的活魚、羚羊、鹿等獵物，他能動手殺了牠們嗎？如果飯也做不了，那他還能幹啥，獵人隊留他做什麼，這不是個沒用的人嗎？

六祖惠能幫獵人把動物抓住，然後還吃，這是難以想像的，聖人不可能這麼做；聖人只能偷偷的把獵物放走，這才表現出聖人的大愛，這就是凡人的想法。這一版《六祖壇經》，加這一段就是在美化聖人在眾生心中善的形象。聖人需要你去美化嗎？所謂聖人如果真的那麼做的話，那他絕不是真正的聖人，他就只是一個普通的修善的人。他心中必有善惡，殺了動物、圍獵動物就是壞，放走動物就是好，他自己就在分別。把獵物放走，獵人餓死了，那是聖人會做的事嗎？聖人，

隨順眾生，不會加分別，他只會把自己分內的事做好。當然有一點，他不會虐殺。

現在不是強調要保護動物，要行善、放生、拯救生命嗎？其實，人為了生存，什麼都可以吃；為了自己的生存，是可以不擇手段的；當我們要救人的時候，可能也會不擇手段，有可能把自己的胳膊削一塊肉給人，人就救活了，但我也可以不給。所以聖人隨順眾生，絕不會像我們現在的這種思維，聖人的思維一定是逆於常人的。常人所謂的行善、放生，那都是順，你所認為的好和善，其實只是積點德、積點福，而且還不一定能積德、積福。

放生，有意的買魚買鳥去放生，不見得是積德，只是你以為在積德。不是說不是積德，而是不見得是積德。為什麼這麼說？其實，在經過放生的場景時，離著很遠就能看到非常大的怨恨、怨氣。有一次在一條河邊，好多人聚在一起，買了好多的魚、鱉、蝦去放生，但是在遠處一看，一片怨氣；走近了一感應，好多的魚在怨恨，怨恨什麼？仔細看看，其中有海魚、海龜、海蝦，你把海裏的龜、魚、蝦放到河裏，還怎麼活呀，那不是死得更慘嗎？還不如讓牠們在海鮮店，直接下油鍋一炸，死得還利索一點。

另外，有一條怨恨非常大的魚在罵，還有隻蝦在喊，因為人家好不容易馬上要脫離畜生道，你又把牠們整回水裏去了，牠們又得繼續以動物身活著。本來另一個世界都已經安排好了，高高興興的準備：

「我這邊一進鍋裏，那邊就投胎出生成人了。」六道輪迴，畜生道畢竟是惡道，是下三道。魚可能有個三五年畜生道的業報，現在本來要離開畜生道，馬上就要投胎成人，突然一個善人出現，「刀下留魚，我全買了，把牠們救去放生。」你說魚蝦這個時候聽見是什麼心情，怎麼能不恨啊！魚蝦說：「你開沒開天眼啊，知不知道我為什麼要安排自己現在下油鍋啊，我馬上就要去投胎，你現在救我去放生，這是救嗎？」你就影響了人家的規律！

實際上，買了好多魚放進水裏，有真正感恩的，感謝一聲往水裏跑；有好多恨的，怨氣形成的黑煙彌漫，是會對人形成反噬的那種怨恨。比較來說，其實沒有幾個感恩的。《金剛經》告訴我們，不要有意的去布施，有意的去做善事，就像梁武帝一樣。不是不應該放生，而是不要有意的去放生。為了做善事，而去做善事，那做善事就是交易，已經不是真的善事了。你覺著買這麼多魚放生，以後功德一定大大的，那你是不是就像梁武帝一樣「實無功德」？《金剛經》上就在說，這種布施實無功德可言。說不定還給自己造了業。

那怎麼判別是不是有意呢？哪有怎麼判別，放下你做好事的那個心，當你走到菜市場的時候，一下就感受到這條魚眼睛看著你，好像是求助的目光，你的心一下就動了，別管這條魚大小，也別管其他的魚，把這條魚買下。心動了，但不知道為什麼心動，也不是為功德，我就想把牠買下來，然後把牠放了。但要看清楚是海魚還是淡水魚，

是湖裏的還是河裏的魚，把牠放到相應的地方。然後牠是恨你還是感恩你，你都不管。只是因為我心動了，不是為了做好事、積功德，不是為了任何的什麼目的，我就想救牠。

再比如，我經過狗肉館突然看見外面有隻小狗，眼淚汪汪的看著我，我就想救牠，就想把牠買下來，那你就買下來照顧好人家。這個時候就是無所住而生其心，也就是不住相布施，這種布施一定要不住相布施。

現實中幫助人也是一樣。不是因為我是修行人，所以我就誰都幫助，看見誰有難就一定要去幫助。哪怕是菩薩都不做這種事，菩薩都是不求不應，有求必應。但是其實求了也不一定應，菩薩都是開天眼的，現實中你在求，菩薩一下就能看到你現在有所求的根源，一眼看透因果，才會出手。

有人說：「菩薩能看透因果，我看不透因果，那我到底幫還是不幫呢？」其實，你只需要把做好事、所謂幫助別人、要成人之美的這個心放下；當然，也要把害別人、損人利己的心也放下。這就是不思善不思惡。這個時候，你看著某個人有困難，你就想幫他，也不是為什麼去幫的時候，你怎麼幫都沒問題，你傾家蕩產去幫都沒問題。當你傾家蕩產的去幫他，但是他卻恨你又罵你的時候，你心也不會動，因為你幫他不是為了讓他說你是菩薩，這就叫不住相布施。我幫了我自己心安，你是否感恩我、罵不罵我，那是你的事。

現在好多人幫助別人，都等著看別人是不是在背後說自己好話，是不是把我幫他這事廣為宣傳，一看沒說，投票的時候也沒投自己，就認為這人是壞蛋，忘恩負義，永遠都不理他。現在多少人都是這樣有目的而幫人，《金剛經》上把這種叫住相布施。當你有目的住相布施的時候，你得到的絕不是好報，一定記住！看看梁武帝是何種業報，就明白是不是這麼回事了。

不是不讓大家做好事，而是《金剛經》、《六祖壇經》都告訴我們，真正的佛法是我們無論做好事、做好人，還是只是做事，一定要「應無所住而生其心」，要做到不住相布施。我也經常幫助人，幫就幫了，沒有任何的想法，認為我是善人，我是修行人，因為他有難我就幫他。我幫不是有目的性的，這才叫不住相布施，這樣的功德太大了。有人一聽這話接著想，為了功德大大的，我以後就不住相布施，我幫別人時啥也不想，直接就幫。這樣想你已經又偏了，還是住相布施，是因為你聽老師講了以後，所做的好像是不住相布施，其實那一瞬間，你還是以功德為目的。

要找那種感覺，如何布施，怎樣做好事，這個就是佛法的智慧。首先明確一點，我不是說所有的放生都是不對的、不好的。我是在告訴大家應該怎麼放生，不要為了放生而放生，不要為了做好事、做善事而放生。

前些年，我經常去江西九江的雲居山，山腰有一座廟，非常的清

淨，但是你得走到山頂上，然後再下到深山裏，在山腰間。我經常在那裏閉關，去了七八年，後來不敢去了。因為，我最後一次去的時候，要進山之前，在一家山民家吃飯，經常見面都很熟悉了，山民就告誡我再去山裏的時候，一定要注意，要帶一個棍子，現在山上蛇可多了，而且有很多毒蛇，已經咬傷好多人了。他還給我準備一個大草帽，因為蛇經常在樹上，不戴草帽，就會直接攻擊我。要知道，那都是山林小路，全是樹，蛇在樹上還跟樹很像。

所以，那次上山我就特別緊張，一路四處看，確實聽見草叢裏有沙沙聲，也許根本不是蛇，我也會往蛇上想。而且山民很忿恨，說年年都有人往雲居山上放生蛇。一些團體一次放生都是很多公斤，但是他們也不管是什麼蛇，就把好多毒蛇都一起放到山裏去，結果出現好多蛇咬人的情況，山民們都不敢進山。你說這些放生的人是在做好事，還是在作孽、做壞事啊。本來很好的清修之地，結果變成危機四伏，誰還會冒生命危險去啊，從那以後我也不去了。

佛法不是僅僅就是一個善，僅僅就是初心是好的。好的初心，也有可能辦壞事。所以，真正學佛的人，一定要注意。我講的內容，肯定很多人聽著不舒服，但是我講的都是真話、都是實話，都是《金剛經》、《六祖壇經》告訴我們的，不讓我們偏執，不讓我們著相。

為什麼要講六祖惠能在獵人隊這一段呢？就是要說明他在世間到底是怎麼修的。他會不會像《六祖壇經》說的，每次都幫人家拉網，

然後每一次都把網放開，故意放一條生路給動物？如果這樣，他還是聖人嗎？獵人隊裏都是粗人，給你一份工作、一口飯吃就很不錯了，如果你還三番五次放走獵物，破壞人家的生計，獵人哪能放過你啊？我們讀經的時候也得帶著清明、帶著智慧。我們要知道從中學習什麼，要知道什麼是為了表法的，什麼只是為了表善的。

我們看六祖惠能在獵人隊這段，就知道這只是為了表善，可不要在現實生活中，故意這麼去做。讀了之後感覺，你看六祖惠能在工作當中都能網開一面，我們在工作當中，是不是能這樣？如果是這樣，那是不是說明六祖惠能覺得獵人獵殺動物是不好的，獵人這個職業就不好。認為不好，他為什麼還在獵人隊裏呢？有人說是因為六祖找不到工作，沒法生存。這肯定不對，惠能以前是不是打柴的呀，打柴就不傷動物生命，那再回去打柴就好，四會那一帶都是山，再去打柴，難道自己生活不了嗎？為什麼在獵人隊裏不走，如果覺著獵人不好還不走，還在天天破壞人家的事，這不可能是聖人。所以，這段只是為了表善。

【每至飯時，以菜寄煮肉鍋。或問，則對曰：「但吃肉邊菜。」】這是聖人嗎？別人都吃動物，抓了羊就吃羊、燉羊肉，惠能喜歡白菜還不直接吃白菜，非得把白菜放到肉鍋裏煮，那不還是帶葷腥了嘛？聖人可能是這個樣子嗎？我們想一想，所謂的聖人是不是都得吃純素，自己背個鍋，油都不放，清水煮白菜，那還要什麼肉邊菜啊，怎麼可

能把菜寄放到肉鍋裏煮吶。

事實上，絕對不會是這麼回事，如果這樣，就跟真正禪的教義相違背了。真正的禪，是最活潑的；真正的禪，是百無禁忌的；真正的禪，講究的就是心，心無掛礙；真正的禪，一定是沒有形式的；真正的禪，修的必是無為法，而不是有為法。不會局限於形式，不會受到世間任何束縛，但同時也不會逾越常理。禪必是隨順眾生，那叫外圓；但同時心不變，那叫內方。這才是真正的禪，活潑、靈動、積極、百無禁忌，只修一心、不重外形。

如果真似《六祖壇經》文中一說，六祖就是在重形，而作為修心的人，怎麼可能這麼重形。有些修行人認為六祖惠能沒結婚娶妻，即不近女色是禁欲；吃肉邊菜即是吃素；網開一面放走獵物，即是放生。認為是要向六祖惠能學習這些方面，可是惠能修的是心。我們看佛經，必須得有智慧，並不是一定全然的接受。因為《六祖壇經》有六個版本，最重要的是敦煌本和法海本（流通本）。流通本中並不排除後世加很多東西，尤其是法海本兩萬多字，而敦煌本僅一萬多字。敦煌本太簡，但最接近真實；而流通本加得有點多，但是總體來講不失本意，所以我們用流通本給大家來講解。

這個流通本應該已經流行了一千三百多年，是最接近原滋原味的經典版本。敦煌本發掘出來以後，發現兩者本意上沒有太大的區別，只是敦煌本太簡了。但是法理，整體語錄，包括中心思想、修行方法，

這些都沒有什麼變化。這很難得，世間流傳一千多年還能接近原意，很不容易。其他的一些經典就不是如此，尤其老子的《道德經》。後來馬王堆出土的帛書《老子》是西漢時期的，西漢離老子的年代很近，和現在流行的《道德經》對比，發現好多字詞根本就都不是一個意思，差距非常大，好多基本上都是相反的。而《六祖壇經》的兩個版本之間差距很小，很接近聖人的本意，十分難能可貴，所以我們學習這個版本比較放心。

第三節 | 知本體明方向　借法船到波岸

其實惠能這十五年到底在哪裏還有不少種說法，根據很多說法所講，惠能並不是在獵人隊中十五年，這十五年應該豐富多彩，也歷經磨難、九死一生，歷盡人間的世態炎涼和人情冷暖。修行在世間，即不離世間來修，惠能已經得法徹悟，他還需要修什麼呢？所以我們前面在講「明心見性」僅僅是入門，即所謂徹悟、知本體，明心見性以後，還是要修的。

僅僅入門而不往裏走是不可以的，入門是知理，只知理是起用不了的。我們都知道放下分別，不要判斷、分析、推理，只知道這個理不行，無法實際起用。佛法，尤其是禪，講的是本體，要想修行必須得先識本體，亦即是先明心，明心即識本體；然後怎麼修這個本體，

即是見性。佛法是最高、最上乘的法，是最高的智慧，也就是離地最遠的。怎麼能達到這個最高的點，並不是說我現在就知道有一個境界叫佛，放下分別就成佛了。

理是基礎，是方向，在這個理的基礎上，按這個方向去修不會修錯，不會走錯方向。比方說，我從青島出發想去美國，首先得知道美國在哪個方向，不能說只是心中有一個美國，然後直接就出發，說不定有可能走了兩年，發現走到了非洲大陸。修行沒有方向，就叫盲修瞎練，這種情況下修得越刻苦，離道就越遠，離目標就越遠，所以這樣是不行的。

真正的修法、修道，首先要先識本體。為什麼要明心見性，就是要識本體，知道修行的大的方向是什麼。那麼不管後面怎麼修，都不能脫離這個方向。本體是明心見性、見性成佛，見什麼性才能成佛，見的叫自性，而不是他性。求佛能不能成佛？如果你自己不清楚方向，天天求佛陀帶你成佛、加持你成佛，如何可能！其實沒有任何外面的佛，能加持你成佛。自性若迷，任何人都救不了你。

佛是什麼？佛是醫生、是導遊。佛是醫生，當你有病的時候祂給你開藥，但還是得你自己把這藥吃了，病才能好。總不可能是佛吃了藥，而你的病好了！佛是導遊，祂能帶你到風景很美的地方，你特別想去的地方，但祂只能給你指路、引路，不可能抱著你、背著你走，你還是得自己走，還是得自己去看風景。佛只是一個引路者、一個良

醫。甚至說祂把藥給你開好，還需要你自己去採藥、抓藥、煎藥、最後才是吃藥，病才能治好。其實並不是佛給你治好的，而是你自己治好的。

所以說，方向一定都是不離自性，最後一切都是自己度自己。迷時師度，由師父來度。所謂佛、法、僧，僧是什麼？就是世間跟你有緣，能引你走到佛的面前、法的面前、正法的面前，這就是僧。迷的時候，由師父來度，師父也是就像剛才說的佛一樣，只能引領你到門前，告訴你這扇門裏面就是正道，還得你自己走進去。悟了自度，當你悟了，師父的作用就起到了，就得離開你、放開手，不能再跟著你、抱著你、扶著你走，否則師父就是不負責任。如果永遠依賴著師父，永遠離不開師父，永遠離不開佛，自己就找不到自己，這是不可以的。

就像孩子一樣，很小的時候不會走路、不會吃飯，必須得有父母照應，離不開父母，這就叫迷時師度；十八歲當長大以後，就必須離開父母，自己有能力工作養活自己，甚至回過頭來供養父母，這個時候就不能再依賴父母，做啃老族了。

所以說修行不向外求，不向外去覓佛，這是最終的理。迷的時候不可能不向外求，一定得去向外求，求佛、法、僧，必是這樣；當師父帶你入門以後，才可以說不向外求、不向外覓佛，只是反觀自我、尋回自性，找到自我的根本，自修、自悟、自練，這一定是在外求的基礎上，已經入門後才可以說的話。

學習《六祖壇經》，句句都告訴我們不假外求，什麼叫見性？就是不執外修、不假外求、不向外去求佛。可不是初學者一學這句話，就可以放下外面的一切，所有高僧大德、活佛、師父、老師，全都放下，不假外求。佛也不拜，師也不拜，我就自悟我的本性，自悟本性是清淨的，放下分別就行，就能成佛。拜佛、拜師父不也是外求嗎？這樣難道不還是偏執嘛！

　　所謂不假外求是在你修有所成以後。《六祖壇經》後面會講，當你迷的時候需要善知識，即是師父指點你，把你帶出迷途，給你指明方向。沒有師父領進門，永遠在門外轉，永遠都不可能自己闖進這道門。修行這道門就是這樣，它不像世間的一些技藝、技能，修行必須得有過來人，必須得有師父帶你進門。不要想沒有師父帶，就自己悟進這道門，歷史上到現在還沒有一個可以這樣的。所以真正想修道，第一步一定是拜明師，不要把精力都放在自己研讀經典上。

　　很多人以經典為師、以戒律為師，但是經典你看得懂嗎？沒有明師引領你，你根本看不懂。沒有明師引領你，知道什麼是真正的戒律嗎？你以為不殺生、不邪淫、不妄語就是在守戒律嗎？你根本不懂戒律是什麼意思。經典中的話根本就聽不見！經典都急死了：「你把我理解錯了！」可是你根本聽不見。為什麼呢？天眼都沒開，所以根本跟經典溝通不了，跟宇宙萬事萬物也溝通不了。

　　要有明師指點、點化你，而這個點化是要教具體方法的，可不僅僅

就是講一個理。所以，六祖惠能在離開五祖弘忍時，只是已經在理上明瞭，而五祖弘忍剛剛教了他方法。後來六祖惠能經歷十五年的豐富多彩和磨難，也閱盡人間的百態，所做的就是掌握宇宙自然的規律，把五祖弘忍教授佛法的這套方法，應用在世間解決問題。

所以後來才有六祖惠能一經出山，往高壇之上一坐，不管下面是僧也好、道也好、官也好、普通百姓也好、儒學大家也好，各種類型的人在他的面前提出任何問題，有任何困惑和痛苦，都能隨機應變，都能幫人解決痛苦。僅需幾句話就打到人的心裏，抑鬱的馬上心開，問題就解決了。

這是如何做到的？一句話出去障礙就破了，這不是大神通嗎？是的，他如果沒有這個神通，誰來聽他講經說法，聽他講這些理？來人本都是來解惑、來擺脫痛苦的。為什麼中華自古以來如此尊師重道，對高僧大德，對掌握道的得道之人這麼敬重！第一原因就是能解決問題，因為古代人身體有病時沒有現代的醫院，附近如果有修行人就去找修行人，一下就能看到你的病根，然後就帶你解決了。

開藥、針灸，一般修行人不會用這些方法。真正高水平的修行人，基本上都是用以心印心來療癒人，在不知不覺間就把來人療癒了，這就是最高境界。有人說：「老師，我們中醫不就是要吃中藥、要針灸嗎？」有機會我們講《黃帝內經》時你就知道，高境界的醫到底是什麼了。我們中醫的基礎是《黃帝內經》和《神農本草經》這兩本經典，

《黃帝內經》是醫之理，《神農本草經》是藥之理，學中醫必須得學這兩本基礎經典。

《黃帝內經》裏面講治病療癒是分幾個層次的。最低層次、最下乘的是毒藥治其內、針石治其外，有病的時候就給人開藥或針灸，這已經不是修行的層面，只是運用植物之間、植物和我們生理之間的陰陽五行特性來療癒，完全是借助外力療癒，這就是最下乘。是藥三分毒，哪個藥沒有毒性，中草藥難道就沒有毒性、沒有副作用嗎？並不是。好多人吃中草藥後有很大的副作用，有時只是自己不知道而已。那針灸有沒有副作用呢？打個比方就明白了，其實人體就像一個氣球，針灸相當於在氣球上扎來扎去，身體上都是眼……

古人講修行還沒到一定境界，實在沒辦法才用外力來對身體做療癒。真正修行得道的人，不會用這種外力，他會引導你進入你的內心，找到內心的根源，這個病為什麼顯現於外，一定是藏於內而顯於外，因為內裏有問題外面才會顯現出來，透過這個外顯，就能找到內心哪裏有問題。也許是一段創傷，也許是一段積壓的情緒，也許是怨恨，也許是執著，這些都是成病最根本的原因，一定是在心。

當我知道這個規律，就可以藉由外面的症狀引導到內心。內心問題哪是吃藥能吃好的，把內心的成病根源化解掉，外面的病自然就好。真正得道的人在給眾生療癒，救苦救難的過程中，自己也是一個提升，不斷的強化，不斷的更加掌握宇宙自然的規律，掌握心與物之間的關

係，心與身體之間的關係，心與事件之間的關係，心與人事物之間的關係。給別人治病也是自己修行的過程。

修行一定要越修越高，往更高的境界修，而不是越修越低，往最低的境界走。現在的中醫就已經是《黃帝內經》裏說的最下乘，雖然是我們老祖宗的中醫，但已不是中等境界的醫，更不是高等境界的。現在所有的中醫，包括那些所謂的神醫都離道甚遠，根本不知道什麼是道，只知道一點陰陽五行的概念，其實陰陽五行也搞不清楚，只會用一些古方，自己到底怎麼成的神醫也不知道。

一般來講，現在所謂的神醫都特別偏執，然而就是因為偏執才成了所謂的神醫，治病才神。但是時靈時不靈，怎麼靈的自己也不知道。不明理，小病會治成大病，大病的就被治死了，這都是現在的神醫常見的事。為什麼會這樣？不通道，離道甚遠，不知道規律，就不知道究竟怎麼治病。有的時候看到一個神醫只是三味藥不斷加減，或者一根針扎下去，但什麼病都能治。其實，這只是因為這個神醫偏執的認為，我這三味藥或一根針一定能把所有病治好，這種人一定是非常偏執的，也就是過度自信，所以成就為了他是神醫。但是，如果他不通理，必然是或者一針或者一副藥下去把重病治好，或是有點小病給人治成大病，大病給人治死了，必然是這兩種結果之一！這就是兩個極端，一方面是神醫，一方面是魔，這都不符合道。為什麼這樣治，怎麼成為這樣的情況，全都不知道，就是不入道、不通道。

知本體也要掌握規律，修行一定是如此。知本體就是有方向，同時掌握規律以後，本體才能落地。六祖惠能也經歷了這個階段，在五祖這兒，甚至在他來到五祖這兒之前，就已經得到本體，而且一直在這麼練，但是六祖惠能根本就不會用，所以五祖弘忍問他：「米熟也未？」惠能回答，米早就熟了，猶欠篩哉。什麼叫篩一下？即是只知道本體沒有用，只知道一些理沒有用，只知道方向也沒有用。

　　想去美國，站在青島的海邊，知道美國在那個方向，有用嗎？我的目的是要到達彼岸，怎麼去？這在現實中就要實修。為什麼要掌握規律，要掌握什麼規律？只知道本體，即是確定美國就在那個方向，但你怎麼去？怎麼跨過大洋？是游泳、坐船、坐飛機、還是坐火箭呢？這才是實實在在真正落地的東西。

　　所以說真正的修行有兩步，這兩步不要將它們分開，《六祖壇經》第一品，其實就是直接告訴我們本體，而整個佛法就盯著本體，禪宗尤其緊盯本體。任何的大德，都沒有把方法直接說出來，只是告訴你本體是什麼、本體怎麼來的、怎麼回到這個本體。看著好像很簡單，其實這裏面具體怎麼用，具體規律性的東西沒有講，那就是密修的、玄學的內容。那是什麼呢？

　　我要去美國，也知道方向，但到底怎麼去？造一艘航空母艦，借助它的力量跨過海洋來到彼岸，這艘航空母艦就是我們要掌握的具體方法、手段和規律。只有在航空母艦上，才能抵受得住驚濤駭浪。大洋

裏經常有颶風，會掀起驚濤駭浪，颶風就是業力現前，而大海就叫業海，一定要跨過業海才能到達彼岸。方向是明確的，但是怎麼跨過業海？怎麼戰勝它，才不會在業海當中，被生生世世以來所造諸惡業力現前的巨浪，打翻淹死在海中？這就要有具體的方法。有方向，又有工具，工具即是外求，我才能成功跨過業海。否則要自己游泳游過去嗎？有幾個人能游過大洋到達彼岸？真的太少了！即使有那個體力也不會那麼去做，沒有必要。這個時候就得學會借助外力，船或者飛機都可以選擇。到了彼岸以後是不是得離開船、離開飛機，這個外力就得拋捨掉，得放下，最後自己登上彼岸，這就是修行不可或缺的兩步。

六祖惠能為什麼要經過這十五年，前面五祖弘忍送惠能走的時候說：「汝去三年，吾方逝世。汝今好去，努力向南，不宜速說，佛法難起。」五祖告訴惠能不宜速說，現在可千萬不要講經說法，不要去宣揚佛法，你現在還講說不了，還沒有經過驗證，你只是得到了本體，規律你還沒有完全掌握。我雖然教了你術，但你還沒修呢，這個時候去講經說法，一方面度不了人，另一方面你自己危險太大。

為什麼只知道本體和理，卻都不會用，就出頭講經說法，很容易被人害死。什麼功夫都不會，只知道佛理「放下分別」，只放下分別有什麼用？真的歹人、匪徒來了以後，直接就搶你的袈裟、把你殺了。你只告訴他們放下分別，人家說：「我一刀捅死你，讓你放下。」所以五祖弘忍告訴惠能，一定不可以現在就講經說法，你現在還什麼都

不會、什麼都不是，只知道一些空理，現在要出來講說的話，佛法的劫難就來了。

一定得練！知道本體以後，師父又教授密修的法、術、手段，那就得去打造堅固的船或者堅固的飛機，才有工具的保護，有力量，才有可能戰勝業海。所有來殺自己的、害自己的是不是都是冤親債主啊？他們是來阻礙你的，他們就是業海當中的驚濤駭浪，來的時候烏雲密布、電閃雷鳴，當幾十米高的巨浪卷過來的時候，能不能抗得住，如何能夠安然的渡過，那是需要功夫的，那得練功夫。

五祖弘忍一再告誡六祖惠能「練」，而六祖惠能開始不聽，這一段《六祖壇經》在前面沒講，但在後面有講，惠能下山之後就到名為劉志略的劉善人處，開始講法，劉善人的姑姑法號「無盡藏」，是個出家人，無盡藏聽了惠能講法後，說：「六祖惠能真的很厲害，佛經佛法講得很好，趕快召集鄉裏鄉親去聽法。」因為無盡藏是當地的大德，經她推薦大家都信惠能，然後惠能就開始講法。還專門給六祖惠能蓋廟，講了九個月後招來惡人追殺，惠能就跑到山裏躲避，惡人燒山差一點把他燒死，逃過一劫後才想起師父說的話「不宜速說，佛法難起」。當地人也保護不了惠能，而九個月講經說法一個人都沒度。

惠能已經大徹大悟，為什麼還是沒度得了任何人？其實就因為僅徹悟那是理，還得修出真功夫來，真的得有力量、有功夫、有道行，才能壓得住，才能打開別人迷茫的、迷霧一樣的心，那是需要力量的。

六祖惠能差點沒被燒死，就是因為不聽五祖弘忍的話，後來躲過這一劫，他才放下，還沒修到那個火候，的確不能過早的講經說法，毅然離開劉善人，到偏遠的廣東四會的大山裏面，在獵人隊中暫時安穩下來，開始他這十五年的歷練。這段閱歷是他真正的修，就是把本體結合現實落地，如何掌握規律，怎麼運用力量，把自己的心真正打開，和宇宙萬事萬物相連。這十五年修得非常精彩！其實並不是僅僅就在獵人隊裏待了十五年，書上就是這麼一筆帶過而已。

第二十三章

不是風動　不是幡動

仁者心動

第一節 | 五眼六通有力量　時當弘法破迷障

【一日思惟：「時當弘法，不可終遁。」】有一天六祖惠能一下心動。這個時候惠能快四十歲了，要知道古人的平均壽命不到四十歲。歷史記載也就幾個長壽之人，比如周文王九十七歲，范蠡八十八歲，孔子七十二歲。

人生七十古來稀，各種各樣的天災、戰爭、疾病，很多人夭折，基本上三四十歲就沒了。從西周到中國建國以前，中國人平均壽命不到四十歲，現代人的壽命長了，隨著西方的科學、醫學、衛生學、免疫學這些方面的發展和貢獻，人類整體壽命逐漸上升，到現在平均壽命達到七十多歲。然而，同時現在地球已經人滿為患，所以任何問題都要兩面看。六祖惠能已經快四十歲，在那個時候就相當於現在快七十歲了，心裡說：「如果我再不出山的話，還能活幾年都不知道，我得了衣缽，不去傳法，不也是罪莫大焉，我現在應該開始弘法，不可終遁，即不可以總是逃避。」為什麼現在敢於出來講經說法了？其實經過這十五年，修成了、有力量了，所以現在出來弘法，每見一個想求法的人，一句話就能打到人心裏；說一個偈子、幾句話，立刻對方就會大悟；講理，張口就是智慧流露，而下面聽的人都會多有感悟。這個可不僅僅是六祖惠能掌握理，而是他有力量能破迷、破障，這十五年來六祖惠能就在修這個力量。

這個力量到底怎麼來的？就是在本體的引領下，掌握宇宙自然的規律後，不斷的修，所修的就是密法。修行必須得有顯有密，即是太極，有黑有白才真正形成一個完整的太極，才是一個相對圓滿的狀態。只有白、有理，沒有黑、沒有力量，黑即代表力量，再會講理也度不了人。什麼樣的人能度人？得真正自己達到那個境界，絕不是藉由說理，而是師父教授了方法，你就能進入那個境界。一旦進入那個境界，即天眼一開，與宇宙萬事萬物就可以溝通，那已經不是用語言能解釋的，不是指老師在這兒講經說法，這要先聽明白。

　　不明白絕對不行，但只是明白也不行，必須得真的進入那個境界以後，去體悟宇宙自然的規律和運行法則，這完全是用心體會的，絕不是用理再去講。師父領進門，在理上就這麼簡單，跟你講清楚了，方向沒錯，然後直接就帶你入門了。入門以後，你不斷的修，不斷的感悟，不斷的與萬事萬物溝通，那就是以心印心的過程，一點一點和宇宙融為一體。等到那個時候你再看人、事、物就是一體的。這就需要你的慧眼、你的法眼，這方面現在不延展太多。

　　現在先說天眼，進不了門亦即是天眼不開，天眼不開根本入不了門，天眼是入門的基礎，然後才是慧眼、法眼，最後是佛眼。五眼的每一個層次不同，必是自己去練，佛法講五眼六通，只知道這個理不行，沒有五眼六通你真的什麼也不是，就是一個知道點理的書呆子，沒有力量，也打不到人心裏去，度化不了別人。

天天在那講經說法，天天在人耳邊嗡嗡嗡教人行善、講道理，聽的人煩不煩？為什麼惹人煩？因為沒有力量，解決不了人的問題，只是空談一些道理，正所謂空談誤國。好像道理能講得很好，經典都能背下來，張嘴就是經典，但是你不知道經典的內涵是什麼。根本不具備五眼六通，就不知道經典真正講的是什麼，更不會運用這些經典。天天給人講理，都是意識對意識講，煩死了。在學校老師天天就往頭腦裏灌，是不是很煩？為什麼學校學的東西覺得沒用？就因為它解決不了現實的問題，除非你是學理工科的，直接就能實用，現實中直接就能改變，學文科的給人感覺虛得很，落不到實處，解決不了問題，就是不實用。

知理有本體以後，還必須得掌握五眼六通，才會更加明確理和本體，然後才會有力量，帶著自己向正確的方向走。沒有力量就走不了，就只能站在原地看著美國，說：「我知道那就是彼岸，我要成佛，我知道放下分別、放下執著、放下妄想我就成佛了。」結果天天在那兒放下，其實一步都沒走，就站在青島的岸邊望著大洋對面，想像著大洋對面的美國，卻不可能跨過大洋，到達美國。你必須得有五眼六通，才真的能有實際的行動，才能真的跨過大洋業海到達彼岸。

有人問：「老師，具備五眼六通不是成佛了嗎？」這就理解錯了，都只是入門。理的入門叫明心，見性的入門，是要掌握規律、要會用規律，即具備五眼六通，天眼沒開何談見性？所以開天眼就是五眼六

通的入門，即是真正掌握規律、真正有力量、看透宇宙萬事萬物的真諦，那就是開天眼，是最基礎的。我一再強調，不要覺得天眼多高深，那只是入門。

有人著急說：「老師快教開天眼吧。」不能著急，天眼是密修的東西，不可能直接公開的講，而且這樣講也講不清楚。這個眼睛張開了以後，是看天的，天是什麼？天在哪兒？天都不懂那怎麼知道什麼是天眼。現在好多人都在研究所謂的天眼，打開就能一下看見老婆在家裏做什麼；看川普在做什麼；看國家領導在做什麼。那不還都是在看現實地上嗎？那叫天眼嗎？還有的是一下能看見別人的五臟六腑，這叫透視眼！跟天眼完全不是一回事。

所以經過十五年不斷的歷練，可以肯定六祖惠能已經基本具備五眼六通。當然，佛眼這個層面應該還沒達到，人身還存活著就成佛，那是不可能的，佛是涅槃的狀態，盡虛空遍法界，又不存在於任何空間。活著的這個狀態，還能讓大家看見，這是菩薩境界。菩薩還在世間，馬上就成佛，但是為了度化眾生我不成佛，要留在世間。一旦成佛就誰也見不著了。涅槃的狀態也即是波的狀態，波就是盡虛空遍法界，誰也摸不著、看不見，但是又存在。想跟波說說話、溝通一下是不可能的。五眼六通當中，可以肯定的講，六祖惠能當時通了天眼、慧眼、法眼，他才敢出來講經說法。

「時當弘法，不可終遁」，六祖惠能說我現在不能逃避了。十五年

以前出不來，想出來也不行，力量不足還沒修成，也叫時機未到。現在力量已經修成，可以出來破迷開悟了。有人說：「老師，六祖惠能應該早出來，十五年能度化更多的人啊。」這就是用凡人的想法去想聖人。來得早不如來得巧，時機未到的時候就出來，只會增大障礙，甚至佛法的劫難真的就來了。已經有一定的功能和力量時，只需心一動就出來了，沒那麼多的猶豫、沒那麼多的煎熬。馬上出來，即「遂出」。

第二節｜風動幡動萬事萬物皆動　宏觀微觀西方同遇瓶頸

【遂出，至廣州法性寺，值印宗法師講《涅盤經》。】六祖惠能出來直接到了廣州的法性寺，印宗法師是法性寺的住持方丈，這個時候正在對大眾開講《涅盤經》，然後六祖惠能跟著人群就進去聽，他這是在找機緣。一定要有機緣，不然如何弘法，到哪兒去弘法呢？因此，就找到了這座寺廟，跟著人進去聽人講《涅盤經》。

【時，有風吹幡動。一僧曰：「風動。」一僧曰：「幡動。」議論不已。】中間休息的時候，在寺廟院子裏面大家閒聊，這個時候一陣風吹過，寺院裏的經幡被風吹動，然後兩個僧人看見這個幡動了以後，一個僧人跟另一個僧人就說：「你看風吹幡動，由於風在動，所以幡就在動。」另一個僧人就說：「不對，是幡自身在動。」第一個僧人不服：「沒有風，幡怎麼能動呢？」另一個就說：「是因為幡想

動，所以才有風來吹動它。」第一個又不服了：「幡再想動，沒有風也動不了。」這兩人也是聽了《涅盤經》之後，相當於在辯經，大家找一個課題然後來辯，看誰的境界高。越辯理才能越明嘛，兩人就在這兒你一言我一語的辯論不已。這時，惠能在旁邊聽得實在憋不住了，就開口說：「你倆別爭了。」【惠能進曰：「不是風動，不是幡動，仁者心動。」一眾駭然。】

這是何許人也，能說出此話來！「不是風動，也不是幡在動，而是仁者的心在動」，這是什麼意思？風沒在動嗎？幡沒在動嗎？風也在動、幡也在動。為什麼六祖惠能告訴大家說既不是風動、也不是幡動，而是仁者的心動；又為什麼「一眾駭然」，大家特別驚訝！風動、幡動，跟心動有什麼關係？風和幡動與不動，和我們的心又有什麼關係？怎麼理解這句話，到底是哪個在動？如果只是用風和幡打一個比方，那麼風和幡又代表什麼？

世間一切的人事物，比如說人與人之間的關係，兩個人起了衝突就好像一個是風、一個是幡，先起衝突的叫風，後面跟隨他、跟他鬥爭的就是幡，風吹幡動，幡隨風動，一個風，一個幡，其實代表著宇宙萬事萬物一切的變化。其實他們在探討一個什麼問題呢？探討的問題是，宇宙萬事萬物的變化到底是由什麼而來。前面兩個僧人一個說風動一個說幡動，都是說所有宇宙萬事萬物的變化是由物理變化而來。類似日月星辰的變更以及轉動，從成、住、長住、敗、最後空，這是

不是就是風和幡到底哪個在動？這裏面有很深的含義。

宇宙萬事萬物都是在動中，沒有絕對的靜。難道僅僅是風在動、幡在動嗎？我們表面上看到的就是幡在動，幡為什麼動，因為風在吹它。那人呢？人相互之間的溝通、交流、合作、對抗、衝突，都是動。藉由風和幡映射的是人類社會所有的動，它的根源在哪裏。與我相關發生的一切的事，事就是風，而我就是幡，那到底是因為有了這個事、即境的出現，我的心才動，然後去應對，是合作還是對抗，恩愛情仇等等；還是因為我的心動，外面才會有相應的事發生。這才是他們探討爭論的本意。

人與自然之間的互動、人與人之間的互動、人與事之間的互動，到底誰是因、誰是果。風動、幡動，只是一個表面的現象，背後卻有很深的意義。這兩個僧人就沒有脫離物理世界，沒有突破物理規則，認為人與萬物之間、物與物之間、人與人之間、人與事之間、事與事之間，都是物理關係，也就是現實中因為有了此，才導致了彼，因為有某個運動，才導致一系列的運動。他們探討的是這個道理，也就是一切都是外在的客觀運動引起的連鎖反應。風吹幡動，風吹鈴響；風吹過，人就感受到寒冷或者溫熱，都是風的原因。這就是我們說的客觀物理規則，也是現在西方的科學家、物理學家正在研究的，宇宙到底如何動起來，以及宇宙運動的規律。

幾百年前，牛頓被一個蘋果砸中腦袋，然後開始想物體運動的規

律是什麼？發現原來存在萬有引力，原來宇宙是有引力的。行星、恆星之間有一定的距離，是在引力的作用下不斷的運動，引力作用下所有天體形成一種非常和諧的狀態，這就是典型的西方邏輯，客觀物理運動的觀點。那宇宙是怎麼形成的呢？如果說有引力的相互作用，就一定得有第一推動力。如果宇宙是完全靜止的，沒有第一推動力，就永遠不會有引力作用出現，就不會動起來。那宇宙是怎麼動起來的呢？如果說風動幡動，幡因風而動，那風是哪兒來的呢？如果說風是由氣壓的高低產生的，那高氣壓、低氣壓又是怎麼來的呢？就會這樣一直問下去。

　　牛頓的經典物理學就是這樣，在幾百年之後，遇到了瓶頸──宇宙必須得有第一推動力。經典物理學中有關物體運動的規律，比如牛頓第一定律、第二定律等等這些宏觀定律，都是在物體運動起來以後所遵循的規則。那宇宙中的萬事萬物在開始運動之前，第一個推動力是誰給的呢？一定得有第一推動力，然後才動起來的吧。牛頓提出了幾個關於天體運行的宏觀物理學定律之後，就開始尋找第一推動力，如果找不到就無法繼續研究下去。可是牛頓終其一生也沒找到。

　　牛頓的後半生特別痛苦，一直在尋找第一推動力，就是找不到，後來沒辦法，就找到了上帝那裏。經過完美的演算、大量的公式、厚厚的神學筆記，公式演算證明上帝是存在的，是上帝發出的第一推動力。牛頓的後半生就在鑽研神學，就在證明上帝是存在的，而且是完

美存在的。如果上帝不存在的話，現在的宇宙不可能是這樣，現在宇宙狀態的形成機率簡直太低了。能形成這麼完美、這麼和諧的宇宙，上帝不可能不存在。只有上帝，一定是這樣一個最高智慧的存在，有意識的推動，才會導致現在的宇宙這麼完美、和諧，力與力之間必須非常平衡，才能形成現在的宇宙。如果只是隨機的推一把，就像宇宙大爆炸隨機出現，然後就是亂撞，讓各種力自然而然的作用，那宇宙現在一定是支離破碎。各個行星和恆星之間、各個星系之間不斷的撞、撞、撞，越撞力量越大，越撞反彈力越大，最後全都毀滅。所以如果是隨機的推一把，宇宙絕不可能是現在這種狀態。

現在宇宙的運行就像一塊精確的鐘錶，每一個齒輪運行都恰倒好處。行星和恆星的大小、距離遠近、密度強度等等，都是由極高的智慧在整體指導運行的狀態。所以，牛頓就證明一定有上帝的存在，但是又找不著上帝，之後牛頓就沉浸在神學領域。我們知道牛頓在物理學界是泰斗，現代工業革命就是建立在牛頓經典物理學的基礎上。但其實牛頓認為自己最大的貢獻不是在物理學界，而是在神學界，他認為證明上帝的存在是他做出的更大的貢獻。

但是上帝一直找不著。經過幾百年，到 1900 年左右，這個時候整個物理學界已經完全陷入瓶頸無法發展。後來出現愛因斯坦，他 26 歲時在《物理學雜誌》發表的五篇論文，其中包括「狹義相對論」，一下就把整個物理學界的瓶頸打破。以前經典物理學是向著宏觀的方向

去發展，越研究越宏觀，最後研究到日月星辰、星系星雲。愛因斯坦藉由「相對論」把人們引向微觀世界，這才突破經典物理學的瓶頸，引向微觀，引導出量子物理學。當量子物理學越研究越微觀的時候，發現宏觀的定律不適合微觀世界，甚至整個顛倒過來。

現在的西方，都是在物理學層面研究風動還是幡動，現代西方科技就像無數個科學家在辯論，到底是風吹動了幡，還是幡想動從而讓風來動。說幡動的是量子物理學，說風動的是經典物理學。藉由一個風吹幡的現象，能引導出太多的東西了。所以，六祖惠能這時候插一句「心動」，一下子把東西方智慧和模式的不同，也就是東西方看待宇宙起源、發展變化規律、直至終結方面的不同，體現出來。

量子物理學發展到 1960 年的時候，其基本概念、基本理論就完全提出，之後再沒有新意，至今再沒有突破。之後六十年，量子物理學的所有突破都是在原有基本理論前提下的應用科學的突破，都是運用量子物理學的實驗數據、證據，發展應用科學。如果量子物理學的基礎理論再沒有突破的話，其應用科學的發展也基本到頂了，又遇到了瓶頸。

1900 年，是什麼發現突破了經典物理學瓶頸；1960 年，量子物理學到底又遇到什麼瓶頸？那就是波粒二象性的發現。一切物質都具有波粒二象性，同時具備波的狀態和粒子的狀態，具有兩面性。現實中能看到的、成形的，是粒子狀態，同時又是波的狀態。這是開啟量子

物理學的基礎。

量子物理學從愛因斯坦的相對論開啟，相對論是關於速度、質量、空間和時間的關係，從這裏打破物理學的發展瓶頸。物體運動速度越快，接近光速的時候，物體的質量就會無限大，體積無限小。這很難理解，質量無限大，體積無限小，怎麼理解？質量無限大、無限大……不就盡虛空遍法界了嗎？但又看不見它，這樣引導產生了量子物理學。但是後來發現，所有的物體要想成形，必須有觀察者。那整個成形的宇宙是怎麼來的？為什麼從波的狀態一下變成萬有，萬事萬物全都有，是怎麼來的？是觀察來的。

是觀察來的就有新的問題，誰是第一觀察者？一定得有第一個觀察者，才有宇宙萬事萬物的產生。宇宙不是演化出來，不是進化出來，是一經觀察就萬有了。

研究風動和幡動其實就是進化，宇宙是不斷的演化、不斷的進化，形成的連鎖反應，是物理的規則，但這都是在宇宙已經動起來的前提下，符合經典物理學的基本定律。前提是宇宙先動起來，但它怎麼動的，經典物理學的瓶頸就是在找第一推動力，是有個人或者神推了一下，之後才發生連鎖反應。但前提是第一動力者必須是高智商、大智慧，這一推可不是簡單隨機的一推，這一推的連鎖反應最終形成完美和諧的宇宙。

現代量子物理學的瓶頸則是第一觀察者。形成這麼完美的宇宙，

第一觀察者一定是高智力、高智商。現代量子物理學認為，一有觀察者，事物立刻就成為粒子狀態，就會成形。但是由不同觀察者觀察成形的結果可不一樣。傻子觀察和高智商的人觀察，最後成的形肯定不一樣；充滿怨恨的人觀察和充滿愛心的人觀察，成的形也不一樣。所以量子物理學認為第一觀察者必是極高的智慧者。

經典物理學和量子物理現在是不是碰到一起了！經典物理學找第一推動者，量子物理學找第一觀察者，都找到一起了。但是，現代量子物理學並不承認第一觀察者就是上帝。風動和幡動的問題，在西方根本就解決不了，你再怎麼一步一步的推演，也搞不清楚到底是風動還是幡動，到底誰先動。這種動就好像風一吹，聽到美妙的音樂一樣的鈴聲，這個風一定不是一般的風，時大時小，越聽越像美妙的音樂，怎麼形成這麼美妙的鈴聲……，然後就推演、推演……，然而再怎麼推演也是西方那套邏輯體系。

第三節｜一切唯心所造　唯識所現

六祖惠能說既不是風動，也不是幡動，而是仁者的心動。一句話就點到了根本。根本是什麼？就是現在西方科技解決不了的問題——誰是第一推動者、第一觀察者。六祖惠能告訴我們，是心，仁者的心，既不是風動，也不是幡動，是仁者的心動。佛法的精髓，在這一句話

裏完全呈現出來，即一切唯心所造。心是宇宙萬有、一切人事物的根源。心，就是西方物理學不斷在尋找的所謂的第一觀察者，提供第一推動力的人或神，也就是牛頓不斷演算出來的上帝。

我們想一想，西方的上帝和我們東方的心，有沒有相似之處？西方說一切的一切都是上帝創造的，而我們說一切的一切都是唯心所造。

西方說當我們感知萬事萬物的時候，我們就在感知造物主、上帝，而上帝摸不著、看不見，上帝就存在於祂造的萬事萬物當中，透過對萬事萬物的解讀、感受，就能感知上帝。

東方中國的老祖宗說，心，不增不減，不垢不淨，不生不滅，既不存在於任何空間，又盡虛空遍法界遍，既包羅萬象，又空無一物。心，我們找不到，但是所有東西都是心造的。怎麼感受心呢？是從它所造的萬有去感知。透過什麼感知心呢？透過我們的五識。一切唯心所造，唯識所現。透過五識吸收萬有的訊息，也即心投射出來的訊息來感知心，同時產生喜怒哀樂各種情緒，即是對萬有的一種感受，這種感受是由第六識「意識」所形成的。心所造的宇宙萬有形成的強大訊息流，透過五識「眼耳鼻舌身」進入中樞神經，然後由意識來分別、判斷、取捨，分出好壞，形成「喜怒哀樂」的知覺感受。

比如有個人在罵我，人家只是發出一些聲波，我接收到聲波之後，我的第六識來判斷，「他說的是我呀！」

「小學沒畢業就講經說法，好為人師，狂妄自大。」

人家發出的只是一串訊息流，但是到我這裏，我就會分別、判斷：「肯定在說我，你看他說的那幾方面，都像我，肯定都是在說我。」

那人又說，「這樣的人得下地獄。」

我又判斷，「呀，他說我下地獄！」

透過分別、判斷之後，就有好壞、對錯、取捨，最後形成我的情緒。「他在罵我，在背後說我！」憤怒的情緒就產生了。接收的訊息到達中樞神經，由第六識意識去判斷、分析、推理，形成我的知覺感受。我繼續不斷的再感受，「這個人也罵我，那個人也罵我，世界上沒好人。」

其實對整個世界的所有感受，都是你對自己心的感受。感受就是這樣，從心發出，再回來到你的知覺，形成一整套你的心和宇宙世界之間的循環。

所有的動都在心，根源是心。一念無明即起分別，一起分別，波的狀態立馬就變成粒子的狀態。首先，構成萬事萬物的最基本粒子，不管怎麼分割，一定具備陰陽兩種屬性。分子有陰陽，原子有陰陽，電子有陰陽，質子有陰陽。目前，理論上萬事萬物最小、最基本的單位——量子，也叫上帝粒子，也有陰陽兩種屬性。這就是我們說的無極生太極、太極生兩儀，兩儀就已經變成粒子狀態，也就是陰陽，整

個宇宙全都是由它們組成的。

無極如何變成太極？一念無明。一念無明就是觀察者。第一觀察者是誰？其實就是我。我一觀察這個波的世界，剎那間，我的世界就成形了。要清楚，成形的是我的世界，狗觀察的是狗的世界，貓觀察的是貓的世界，人觀察的是人的世界。人與人之間，因為生理結構差不多，所以觀察出來的世界也差不多，這叫共業。貓眼中看到的世界、耳朵聽到的世界都相似，狗和狗的相似，蛇和蛇的相似，人和人的相似，這叫共業。但是，相似絕不相同，每個人都有每個人的世界。

風動、幡動，還是心動，從簡單的這幾句話中就能看出境界的不同，就能看出你是如何看宇宙、世界的。宇宙怎麼起源、怎麼發展，它的規律如何，它是怎麼終結的，其實都在這幾句話中。前面說風動或者幡動，其實就是說世界是進化而來的，是相互影響的，但是沒有說到本源。風從哪裏來的？幡從哪裏來的？是怎麼動的？一定是符合某個定律。如果深究一下，不就是現在的經典物理學和量子物理學嗎，現在的物理學家不就是在深究這個問題嗎？最後到了瓶頸，第一推動力沒找到，第一觀察者也沒找到。怎麼辦？卡在那兒，沒辦法，量子物理學也不能再找到上帝那兒去啊。

如果現代量子物理學也找到上帝那兒去，不就又成為牛頓了嗎？現在的科學和神學不就又合在一起了嗎？這哪是現在的物理學家能接受的，他們都以科學家自居。什麼叫科學？科學本就是相對於神學來

的，科學承認客觀，承認自然規律；而神學不講這些，全是神造的。科學對神學最不屑。但是如果為找第一推動力和第一觀察者，最終找到神學那裏，科學和神學結合起來！神學倒是高興，因為科學驗證了神學的東西，證明了上帝的存在，但是科學家可受不了。

話說回來，為什麼現在的世界有漏、有缺失，已經不適合人居住了？為什麼西方從工業革命開始引領世界文明，到現在才兩百年左右，整個世界就已經瀕臨毀滅？根源就在於科學和神學的分裂，而且分裂得太嚴重、徹底。其實，如果有一天，科學和神學完美結合起來，整個地球就好了。這就像太極一樣，神學可以叫白，超我；科學可以叫黑，力量、實用。現在整個地球就是這樣，物質和精神完全分裂，科學代表物質世界，神學代表精神世界，完全分裂。如此分別、分裂，最後變成撕裂，這就是現在所有地球危機、危難的真正根源所在。當有一天，科學和神學融合在一起的時候，那美好的、完美的世界就會來臨。但現在越來越分裂，分裂到一定程度之後，就會走向極端，就會毀滅。如果西方的科技再這樣發展下去，繼續這樣引領世界，科學家們不斷的在現實物質世界上去研究，越研究離道就越遠，離神學也就越遠。地球就越來越不適合人類居住，人類就即將滅絕了。

解決之道在哪裏？只有在東方，因為只有東方的智慧，才是把物質和精神統一起來的。那是華夏文明的大智慧，是我們老祖宗掌握的東西。可是現在的中國人不掌握老祖宗大智慧，而都在向西方學習，

都在分裂著物質和精神。中國人現在沒有信仰，不相信精神領域的存在，不相信精神的力量和作用，變成所謂唯物主義。什麼是唯物主義？就是以進化論為前提，強調眼見為實，所以導致現在的物欲橫流，沒有信仰，沒有精神，只有物質。

唯物主義不相信輪迴，認為沒有輪迴，人死如燈滅，無神論，只有物質。我這一生有限的幾十年，死了以後就煙消雲散，什麼都沒有了，那當然要不擇手段的享受物質。時間根本無所謂，好好享受著活十年，和什麼也沒有的活一百年，一定會選十年，而且無論是偷是搶、不擇手段的享受，大多數唯物主義者也都一定會選享受的十年。所謂的唯物主義，非常容易形成人的物欲橫流，不為以後考慮，我的身體都沒有了，而且是永遠沒有了，還管什麼以後，管什麼子孫，怎麼高興、舒服、任性就怎麼來。中國現在就變成了這個樣子。

老祖宗的文化文明是太極，是精神和物質整合的狀態，是智慧、文明的頂峰。而現在的現實是，西方分裂，東方更分裂，西方雖然分裂，但還有一部分人是神學家，有一部分人信仰上帝，願意做好事，還不僅僅是針對於物質，還是有信仰的；只是科學家專門研究物質，專心於物質，西方是這樣在分裂。而現在的東方，我們中國人哪還有信仰，哪還有研究精神領域的人！全都在研究物質，都盯著物質。現在的東方、現在的中國，還不如西方。正是因為現在東方、西方都這樣的分裂，所以整個地球充滿衝突、充滿對抗。即是從根本上，物質

和精神的對抗。

解決之道只有一個，把東方的智慧重新發掘出來，把我們老祖宗的智慧和文明，對宇宙自然的看法、宇宙自然的真諦都宣揚出去，弘揚出去。把中國人從所謂唯物主義的狀態轉回來，那難道是轉到唯心主義嗎？不是的。一切唯心所造，唯識所現，所以不是唯物，不是唯心，而是唯識。現在要知道整個宇宙的真相真諦，包括我們人生的真相真諦。人是怎麼來的、怎麼發展、怎麼終結的，終結之後是什麼，是否有輪迴，怎麼輪迴的？當這些都掌握了，我們就知道如何應對當下了。

現在中國的信仰沒有了，精神沒有了，全是物質了。我們不僅要把東方的信仰找回來，把中華本來精神和物質融合的狀態重新找回來，還要把這一套智慧傳播向西方，把西方的物質和精神也融合起來。這樣整個宇宙、整個地球就平衡。這是唯一的解決之道。

六祖惠能一到法性寺，聽到僧人辯經說風動還是幡動，知道這是對整個宇宙的發展真諦、真相不瞭解。所以，一句話就點出是仁者的心動。這是宇宙發展的真相，也是人發展的規律。如果連這個理都不通達，宇宙怎麼來都不知道，人怎麼來的也不知道，那如何修行？不但修不了，而且越修就越會修向西方的思維方式。是風動還是幡動，這是不是邏輯性？心動是全體現，「一念不生全體現，六根才動被雲遮」，就是這句話的含義。

第四節 | 不是唯物唯心而是唯識　不是調風調幡而是調心

前面講這麼多，對我們的現實生活到底有什麼意義呢？「風動，幡動，還是心動」，不管是什麼動，一定要對我們的現實生活有意義，不是把佛學當成一種哲學。佛學、道學、儒學都是學以致用的，因為有用，能夠指導我們的現實生活，能夠破解現實生活中的困惑和痛苦，所以我們才去學這些。

「風動，幡動，還是心動」對現實的意義和作用在於，如果這個世界的一切都是物理規則決定的，人僅僅是這個世界當中的一個小碎片，只是進化過程中的一個小插曲，那麼度過這樣的人生，我們會有一種活法；但當瞭解一個理，整個世界，甚至整個宇宙都是因我而生，是我的世界、我的宇宙，那一定是另一種活法。

我們要勘透宇宙的真相和起源，勘透我們人是怎麼來的，其實就是要從中知道我們下一步應該怎麼過，這才是意義所在。如果我們僅僅是宇宙的一個小片段、小插曲，是進化過程當中的一個小精彩，那人在宇宙當中沒有太大意義，那就好好的想吃就吃點，想喝就喝點，精神領域沒必要去追求，那還不如就追求物質，就讓自己舒服一點、開心一點，讓自己多得到一些心理的安慰。

但如果說整個宇宙是因人而生，真的像我們老祖宗所說，我的宇宙因我而生，我的心化現我所感知的一切，又用我的五識來感知我的

心所造的一切，這樣我的喜怒哀樂、幸福與痛苦就不是掌握在外界、客觀環境的手裏，而是只掌握在自己手裏。因為有我才有宇宙，而且是由我的五識來感知的，那麼宇宙對我才真正有意義，我就能把握自己的命運。想讓自己快樂，就能改變我的宇宙讓自己快樂；想要圓滿，就能改變我的宇宙，讓自己圓滿，這樣就有意義了。

我在宇宙中不是無奈的，我的生死不是由外界任何客觀存在左右的。我的宇宙因我而生，那我為什麼還這麼痛苦？一切的財富都是我生出來的，為什麼還這麼缺失？一定是自己哪裏出了問題。只有在這個前提下，我們的修行，瞭解宇宙自然的真相和真諦才有意義。我不是宇宙的碎片和進化的小插曲，我能左右整個宇宙和自己的人生，甚至能左右我的生生死死，這樣修行才有意義。

「風動，幡動，還是心動」，非常非常的重要。六祖惠能出山以後講經說法的第一句，從「風動，幡動，還是心動」開始，展開他對宇宙規律和人生真諦的揭示，這是有目的、意義和作用的。這是根本，必須得先搞清楚才能往後學下去。「一切唯心所造，唯識所限」，想修行、想得道的人如果連這個理和真相都勘不透，根本學不下去。如果還覺著現實世界一切都是客觀存在，自己只是宇宙的一個碎片，只是進化過程中的插曲，那所有的佛法、道法包括儒學都不必學習，學了也沒有意義。因為整個理論的根基都沒有，上面如何建設高樓。

那麼，這個世界到底是唯物主義還是唯心主義呢？其實都不是，

唯物是偏向於物質這個極端，唯心是偏向精神這個極端，都不對。我們的老祖宗認知宇宙的觀點叫唯識觀，宇宙不是唯物也不是唯心。唯心所造但是又不執著於心造，不是不認同這個物質世界，是心造的我還得認同它。整個宇宙是用我的識去感知的，唯識觀就是：宇宙是第八識造的，第八識是因為第七識「我執」，為我而造的宇宙，然後用五識吸取訊息，第六識來判別、取捨。這就是用八識來講宇宙的生成、發展、規律、一直到我的知覺感受。

我的人生其實就是我的心造的，我的識去感知，隨著我的識的變化去感知，所以有喜怒哀樂、恩怨情仇，都是在我吸取訊息之後，第六識判斷得出結果，然後產生情緒，幸福、痛苦等各種各樣的知覺和感受。最後真正落到實處的，就是落在我們的知覺和感受上。

為什麼會有不同的知覺和感受，有的人沒有錢但是特別幸福，有的人住別墅開豪車很有錢但是就像在地獄裏煎熬？我造了宇宙，又來感知這個宇宙，又透過第六識來推理、判別、取捨，在我的中樞神經形成各種知覺和感受，最後的知覺和感受就是我們想要的所謂的人生。

真正的人生，在客觀的狀態下，發生的一切其實都是中性的，沒有任何意義。如何理解客觀狀態下的中性，以及沒有意義呢？比如你出生在一個貧困的家庭，或者一個特別優越的家庭，這些是有意義的嗎？到底出生在貧困的家庭好，還是出生在特別富裕的家庭好呢？可能你會說當然是出生在特別富裕的家庭好，但真的出生在富貴家庭就

好嗎？所謂富貴家庭最高的就是王室吧，為什麼自古以來很多的公主、王子、甚至太子都特別仇視皇宮的生活呢？抱怨自己怎麼不出生在一個普通人的家庭裏。反之，出生在貧困的家庭或者生活一般的百姓家庭，難道就不好嗎？父母可能給你更多的溫暖、更多的愛，可能這種愛更淳樸、更單純，沒有那麼多的利益之爭、爾虞我詐。到底哪個好呢？其實人生的每一步沒有什麼對錯、好壞之分，它就是一種感受。出生在皇宮感受的就是爾虞我詐、爭權奪利，感受不到人間的親情和那種真正的淳樸與溫情。所以，跟客觀出生和生活在哪裏沒有關係，那僅僅是一種感受。

再比如是有文憑好還是沒文憑好？文憑高就一定好嗎？不一定！嫁一個有錢的老公好，還是嫁一個普普通通、平平庸庸的老公好？能說嫁個有錢的就好嗎，有多少人後悔嫁給有錢的老公，常說男人有錢就學壞，外面養好幾個小老婆，那時就會羨慕那些嫁了一個平平凡凡老公的人，老公天天就守著你。

什麼是好，什麼是壞？現實世界，風動也好，幡動也好，動就是動，沒有什麼好壞。風吹鈴響，這個鈴聲聽著是刺耳的噪音，還是美妙的音樂？同樣的鈴聲，聽的人不同，感受就不同。有的人正在特別煎熬和煩惱的時候，聽那個鈴聲就是噪音，煩得很；但同樣在他旁邊的一個人，在特別欣喜、開心的狀態下，聽著同樣的鈴聲就是美妙的音樂。一個欣賞音樂，一個煩惱噪音，鈴聲沒有好壞，鈴聲就像風吹

過，在世間風就稱之為業風，鈴聲就是產生的結果，風吹過有了鈴聲是中性的。我們在世間不管經歷任何人事物，其實都像風吹過的鈴聲，即都是中性的，沒有什麼好壞，所有在這之上所加的好壞，都是人的知覺和感受。

那知覺和感受是可變還是不可變的？如果世界是客觀的存在，我們僅僅是進化的一個小片段，那我們改變不了地球、宇宙、天上的雲，什麼也改變不了，只有承受、只有宿命，我也沒有必要改變什麼。但如果說宇宙因我而生，是我發出了這個宇宙，我又來感知這個宇宙，然後由於我的判斷和分別，產生喜怒哀樂、幸福、痛苦，這都是在我能掌控的範圍內。一切發自於心，一切知覺感受都是我的五識、六識所起的作用，導致感受的變化，那我就能改變、調整外面的境，即外面的人事物。外面的境本是因我而造，我是去感知，就可以按照自己的要求去調整、改變，這就叫境由心生，境又能隨心所轉。但你要想做到境由心生、境隨心轉，首先必須得認同這個理：宇宙因我而生，宇宙被我的五識所感知，由我的六識判斷以後，會產生喜怒哀樂、幸福與痛苦，而這些都存在於我的中樞神經。

宇宙在哪裏？宇宙不在外面，就在我的中樞神經。如果中樞神經是正常的，人們感知的都差不多。可是當我的中樞神經受傷，整個宇宙就變了，根本就不是現在眼睛看到的、耳朵聽到的一切。精神病院裏面那些瘋子就是中樞神經有問題了，他們看到的、聽到的宇宙，自

然跟我們是不一樣的。

那麼我們怎樣來改變，怎麼能做到境由心生、境隨心轉呢？這個就是「風動，幡動，還是心動」給我們的意義。意義就是，如果因為我的心動了，風、幡才動，風和幡就是外境，風叫業風，幡是業風引起的，現實中的事件就是幡，有業風吹過引起事件，這是客觀的一個存在。什麼叫客觀存在？一定是你心中有了，在現實中才會客觀存在。什麼是心中有了？一切都是我的心造的，都是唯識所現，那麼我到底能造什麼？萬物皆有叫萬有，我的世界當中包羅萬象、什麼都有，即什麼都能造。

但是為什麼有的人看到的世界都是蓮花，有的人看到的都是地獄呢？其實每一個人的世界當中，都是既有蓮花又有地獄，既有極樂世界、天堂又有地獄、畜生道、餓鬼道。但是為什麼有的人看他的世界就全是蓮花，有的人全是地獄呢？每個人的世界都是包羅萬象，你能看見什麼、能感受到什麼，一定是你心中認為有什麼，就能看見什麼世界。心中如果有蓮花，心中認為世界都是美好的、積極的、光明的蓮花聖境，那麼睜開眼睛看到的一定都是蓮花、光明、積極和善良。

萬有，一定是既有蓮花、光明、善良，同時當然也有垃圾、醜惡、各種地獄、惡鬼、衝突、戰爭。你心中如果沒有這些的話，睜開眼睛怎麼看也看不見。眼耳鼻舌身這五識，就像攝影機一樣全面接收所有訊息，既有美好又有醜惡、有天堂又有地獄、有善良又有衝突。而第

六識「意識」就好像是守門的，不是把五識接收的訊息都歸於第六識、都入腦，而是負責鑒別和過濾。

當心中認為世界都是美好、都是良善、都是光明的，那麼即使有些不美好的、醜惡的、黑暗的、地獄惡鬼之類的，到了第六識就被屏蔽進不來，只接受美好、良善、光明的進來。被屏蔽的不是不在了，而是所有都在，萬有都在，但由於你的觀念、你對世界的看法，形成了這樣的一個判別的第六識，一個門衛，它就把你認為、認同的東西放進大腦，所有你不認同的東西屏蔽在外界。

所以說心中有蓮花，處處是蓮花。就算有個垃圾堆在你的旁邊，即使眼睛看見這垃圾堆，鼻子聞到臭味，但眼識鼻識感受過以後，到第六識那兒啪的一下就屏蔽掉。因為心裏沒有垃圾堆，眼睛看見也沒用，即視而不見；鼻子聞到也沒有用，根本聞不見臭，最後接收到的還是蓮花、美好、光明，這就是人的構造。

這就叫「風動，幡動，還是心動」。心不動，風、幡再動我看不見它。風吹幡就在客觀的動，我心裏如果沒有的話，我一定看不見那個幡在動，就像《六祖壇經》中講整個寺廟裏面一千多人在聽法師講《涅盤經》，怎麼就這兩個和尚看見風、幡在動呢？如果他們心中幡不動的話，在他的現實世界中的幡就不動。有人可能會說客觀的幡就在那兒動啊？是的，是在動，但那是別人世界中的幡在動。還繼續問，是所有人世界中的幡都在那兒動啊？也對，是在動。但是對於心中幡

沒動的人，他視而不見，再動也跟他沒關係，看不見。我看見的一定是我心中有的。

講了半天就是要說明這個理，我的世界是由我的心決定的，不論開心、快樂、富足、貧困、痛苦、煎熬，也不管世界的人到底是敵人、壞蛋，還是善良的好人。

你對世界的評價，是客觀外境決定的，還是由自己的心決定？是你認為世界是什麼樣的，世界就變成什麼樣，還是世界就是那樣？可能你還很難回答，甚至非常無奈，但這個問題一定要明白，才能知道我在表達什麼！世界什麼都有，世界可以說是個大染缸，裏面有光明、有黑暗、有壞人、有好人、有善良的人、有衝突的人、有不擇手段的人、有特別極端的人，同時也有特別包容的人，就像太極有黑有白，不完全是完美的或者完全是醜惡的，一定是黑白參半，如此這個世界才能平衡。

但是我如何認為這個世界，我要把人生過成什麼樣子，可不是外在客觀世界和客觀環境決定的，是我的心決定的。心中到底有什麼，就能看見客觀世界的什麼，心中如果是蓮花、是光明，就一定能看見蓮花、看見陽光；如果心中都是黑暗、垃圾的話，就算站在陽光下也感受不到陽光的溫暖，看到的一定是黑暗的角落和垃圾。不是風動、幡動，而是你的心在動，感受你的心往哪個方向動，這就是對我們的意義所在。

同在一間房子裏，每個人感受都不一樣，有的人感受這間房子真開闊，四處窗明几淨，真好；有的人感覺這房子壓抑、不舒服。房間有沒有問題？房間對所有人都是一樣的，但是每一個人進來以後的感受不一樣。這個房間就像我們所生活的世界一樣，對任何人都是完全一樣的，但是每一個人對這個世界的感受可不一樣。

　　有的人住在茅草房裏面，喝著稀飯唱著小曲兒特別開心，感覺特別富足，覺得特別幸福；有的人在高級別墅裏，吃著山珍海味，卻在煎熬著、流著眼淚，好像生活在地獄中。是茅草屋或者別墅決定一個人開不開心嗎？道理是一樣的，是風動、幡動，還是心在動？是你的心決定，還是客觀的環境決定？

　　所以六祖惠能這一句話就在告訴這兩人：「放下吧，別再去探討什麼風動、幡動。」也就是不要再各執其詞探討茅草屋好還是別墅好，在茅草屋裏開心，還是在別墅裏開心了。六祖告訴他們，在哪裏開心，不是由茅草屋或者別墅決定的，是由自己的心決定的。有一顆平靜開心的心，在哪兒都是平靜開心的；心是浮躁、煩躁、特別煎熬的時候，住在皇宮裏你也是煎熬的。

　　境一定是由心生出來的，也一定是由心來改變。境本身不是問題的根源，不是痛苦的根源，更不是富足的根源。不是因為有錢才富足，現在我們都覺得錢太少，所以沒有富足感。現在的人總說只有一億人民幣，不夠啊，這子孫萬代，花花就沒了，得掙一百億人民幣，其實

得到一百億人民幣以後，還是沒有富足感，還得繼續追求一千億、一萬億，那樣的人心裏就是個無底洞。

然而，有的人一千塊人民幣就非常有富足感，一頓飯三塊錢吃個麵，一千塊錢可以吃半年，太富足了，半年時間都開心。這邊有一億元的還在夜以繼日的為了一百億奮鬥，那邊只有一千塊錢的已經開始開心的享受生活了。是因為有錢而富足嗎？不是，富足沒有標準，每個人心中的標準是不同的，根本沒有相同的標準，是一種心理感受。有多少錢算多，有多少錢叫夠呢？那些心裏有缺失的人，多少錢都不夠，給他多少都不覺得自己有錢，永遠都不會感到開心、快樂、富足。

境本身是由心生的，同時也是由心來改變的，而境不變。所謂境隨心轉，不是指當心裏特別想有一百億人民幣的時候，現實就會給我一百億人民幣，不是那個概念，不是外境變，而是外境沒變，是心變了你感覺境就變了。當心有缺失的時候，就沒有富足感，多少錢也不覺得夠。有一億也不覺得自己有錢，算一算一億買套房幾千萬，再買個車，還有孩子上學，萬一自己再得病，一億根本不夠啊！因為你心中沒有富足感，心中有缺失、有漏，心中就是個無底洞，別說一億，一百億一定也不夠。

有一百億的人真的就比有一億的人快樂一百倍嗎？有一億的人就比有一萬塊錢的人快樂一萬倍嗎？絕不是。反而很底層的那些人，雖然沒什麼錢，有上頓沒下頓，還是開開心心、快快樂樂的，大不了喝

粥，大不了上別人家借一點，人家感覺還很富足。結果你去幫助人家，一看覺著人家這也太苦了，我一億人民幣都沒覺得有錢，這手裏就一兩千塊錢的人，孩子有病怎麼辦，孩子上學怎麼辦，車也買不起只能騎個破自行車。你想幫幫他，人家說我不需要幫助啊，我很好啊，該有的都有，非常富足啊。是不是這種感覺？

所以，真正的境由心轉是指，我還是有一億，前面覺得缺失，但是心一轉變，一億足夠了，感覺太富足，現在可以享受生活了。這些錢存到銀行裏一年利息得拿多少，利息都花不完。觀念這麼一變，心一變，馬上人就開心起來，也感到富足了。外境沒有變化，但是我的人生已經不同。

事情其實都是一樣，換個角度，風動、幡動，即外境有所變化，如果不通這個理，就會被外境所牽引，然後就去找原因，為什麼賺不著一百億，怎麼才能賺到一百億，就有所執著、被外境牽著走，最後就以賺一百億為目標。但是好好問一下自己為什麼要賺這一百億，是不夠花才定這個目標嗎？真賺了一百億以後就夠花嗎？曾經的目標就是一億，但有了一億後，欣喜幾天後平復了，然後馬上就開始感覺又不夠了，其實到一百億的時候也是一樣，就這樣慢慢變成金錢的奴隸。

所以這個世界，心和境、知覺和感受之間的關係，就是「風動，幡動，還是心動」，當知道一切源自於心的時候，心中有富足，現實中一定會富足。真正的富足，是有富足感、安全感，跟有多少億沒關係。

但是，絕不會出現比方說心中有富足，現實吃不上飯，特別缺失、有漏，特別的貧困，那說明你心中其實並沒有富足。心中真有富足，現實一定會呈現，但不是只呈現在金錢的數量上。這個地方要好好感受。

當心中有幸福，絕不是說老公天天回家給你做飯洗腳，天天跟你說我愛你，這才叫幸福。而是，當心中沒有幸福，心中情感缺失的時候，老公天天回家給你做飯洗腳，天天抱著說我愛你，你卻覺得老公在騙你。這跟老公怎麼做沒有關係，那都是外境，完全是在你心中的感受。心中如果真的有幸福，老公一個眼神，抱你一下都幸福的不得了。所以這是一種知覺和感受，一切都是心安排的。心為何這麼安排，是觀念知見影響你的心，你如何認為這個世界，如何認同這個世界，你的心就如何安排，一切皆是「仁者心動」。我們要調整的不是這個世界，不是調整風或幡，是調整自己的心。

怎麼才能調整自己的心，就要透過學習這些理法，修行來調整自己的心，轉變自己的命運，這個就是修行的意義。調整我們的心，首先就是要調整我們如何看待這個世界，從什麼角度看這個世界發生的事，以及宇宙、日月星辰、山河大地、人、動植物。看待的角度一變世界就不同，世界一旦不同人生就此改變，其實就這麼簡單，一念地獄一念天堂，這都是《六祖壇經》教我們的。

改變對世界的看法，首先要轉換角度，要從原有的模式、慣性裏面跳出來。因為只用一個視角看世界，認為世界都是黑暗的黑洞，都

是無底洞，所以煎熬和痛苦。其實另一面是一片光明，只是你轉換不了視角，目光只盯在一點，所以你看不見，慣性的模式就是這樣。比如，認為掙錢就一定得不擇手段，一定得跟人拼、搶、衝突才行，這也是你對世界的看法，心中有這些，所以你看到的世界就是黑暗、衝突的。

第五節｜境由心生境隨心轉　我的命運我做主

換一個角度，打破自己的慣性模式，原來世界一片光明，都是良善者，發現掙錢不需要去拼、去鬥，在幫助別人的過程中我們自然而然的就能賺來錢。自古以來的那些高僧大德，哪個缺財呢？只是他們如何看待財而已。他們把財看成身外之物，但是這不代表這些大智慧的高僧大德沒有財。就像做我這個工作，跟誰去爭、去鬥啊？我每天都在幫助別人，每天都在指點著別人，改變著別人的命運，那財也不用談，自然會滾滾而來。

但你怎麼看待這個財，心中富足的話哪會需要那麼多財？財來了去建道場，為什麼要建道場？只是為了讓更多人有個學習這套東西的地方而已，所謂法侶財地都得有。一個人自己能花多少錢呀？我的工作性質是不求財而財自來，因為真的幫助到人了，還用求嗎？還需要拉人捐款或者擺功德箱嗎？不需要的。人都有感恩之心，真正助了人，

自然而然的財就會來了。

有人說：「老師，這世間人很壞，都沒有感恩之心。」你看這個世界就是這樣，是你認為世界的人都是這樣的。當你心中都是忘恩負義的人時，看到的一定都是忘恩負義的人，接觸的一定也都是忘恩負義的人。心中有垃圾看世界全是垃圾，蓮花就在那裏，陽光就在那裏，你一定看不見，這個就是「風動，幡動，還是心動」對我們的意義。

我們要改變對世界的看法，要發出愛心，相信世界是美好、光明、和諧的，每一個人都有善的一面，都有積極的一面，都有想成為聖人的那一面。當換一個角度的時候，我的世界大不相同。當你真的想去幫助別人，用你的智慧去破除別人的煩惱，想去幫助別人改變，從迷人變成開悟的人的時候，這樣不斷的去做，好像是在一味的付出，其實同時得到最多的也是你自己。

富不富足並不是外界決定的，不是計畫談成有多少錢，不是我跟別人怎麼分紅，富足不富足必是在我心裏的一個角度轉換，內心富足了外境一定會有各種機緣讓我富足，這就叫境由心生。心中富足了現實中一定富足，現實中的外境沒變，心一變感受就不一樣，一旦感受不一樣外境跟著就變，這就是佛法。

怎麼改變對世界的看法？一定要先跳出來，不能往裏鑽，認為世界就是黑暗、世界就是怨恨，都是一些忘恩負義和欺騙。一定要從執著的這個點將自己拔出來，然後轉換角度來看待這個世界。這是一個

什麼過程？這個過程就是轉變知見，轉變觀念，打破舊知見、舊觀念。舊的知識和觀念就叫所知障。你認為的世界就是這樣的，因為從小到大的經驗是不騙就賺不到錢，對人好別人都會欺負你等等，這些都是舊觀念。要從裏面拔出來，要知道世界上什麼人都有，有這類人但一定也有另一類人，有黑暗也一定有光明，拔出來既看到黑暗又看到光明，這個才是跳出來看到全貌，是修行人應該站的角度。

要學佛法，首先要從知見和觀念上去改變自己，就一定要先從佛法八正道的正知見開始學；道法也是先從宇宙自然的規律，這些至理上開始起修；儒學更是，從《大學》、《中庸》開啟儒學修習之門，《大學》所說三綱領八條目，都是告訴我們要從知見上改變，要樹立正確的知見。有正知見就有正念，有正念就有正思維，有正思維就有正定，有正定就能形成正語，有正語就能有正業，有正業就能正精進，最後就能達成正命。正命是什麼意思？即能左右和改變我的命運，我的命運就會趨向圓滿。這個就是佛學佛法的八正道，現在我們就在學佛法，其實佛法、道法、儒學都是一回事，都得按照這八個階段走，最後才能真正做到正命，我的命運我掌握。

這就是「風動，幡動，還是心動」這句話對我們的意義。我的人生是由我的心掌控的，甚至我能感知到的宇宙都是由自己掌控的，而不是由客觀的環境掌控著我。既不是風動，也不是幡動，而是我的心在動。這一段就是六祖惠能給我們揭示的含義。

第二十四章

言簡理當不由文字
傳來衣缽出示大眾

講完風動、幡動、心動，接著看【一眾駭然】，說得大家都非常的驚嘆，而且馬上就傳到了印宗法師那裏，於是【印宗延至上席，徵詰奧義。】這個住持印宗法師還真的是非常謙遜，感覺他很有道，馬上就放下了住持方丈的身架，將惠能請到上座，這就是為法能放得下世俗。

「徵詰奧義」當問到佛法的祕密的時候，【見惠能言簡理當，不由文字。】惠能都不是去講經，而是從經典基礎上解讀正理，「不由文字」就是已經非常通達。印宗覺得惠能真的不一般，就立刻問惠能：「你一定不是普通的人。」【宗云：「行者定非常人。久聞黃梅衣法南來，莫是行者否？」】

自從六祖惠能得了衣缽南下，之後十五年來多少人都在尋找這個衣缽。衣缽是佛門至寶，得衣缽者也就是佛門的領袖。大家都知道，佛門至寶的衣缽是被一個獦獠帶走了。有的人就是來殺這個獦獠，奪衣缽；有的人找這個獦獠是為法而來。因為五祖弘忍已經退休不講法了，慧能離開三年後五祖就往生了。所以，如果還想再求得真正的佛法，只能找這個得衣缽的人。但惠能就此失踪十五年，這十五年時間可是不短啊！但是在佛門裏面，一直都在盛傳，都在找這個人。所以，印宗看惠能這個狀態，既不是出家人，又對佛法的奧義這麼通達，馬

上就想到他是不是就是那個得了衣缽的獦獠啊？「莫是行者否？」

【惠能曰：「不敢。」】意思就是承認了。印宗馬上就給惠能行禮，因為這是佛門的領袖。【宗於是作禮，告請傳來衣缽，出示大眾。】請問能不能把衣缽拿出來我們看一下。僅僅感覺這個人對理通達、對佛法的奧義通達還不行，那個時候就認信物，有信物就是有信任狀，也就有了印證，大家才能夠認證這是正理正法，認證這個人就是得衣缽者，必然是正師、明師，才敢跟他學。否則，世間聰明人很多，能夠講經說法、口吐蓮花的人也很多，但是講的東西到底是不是佛法真意呢？其實，魔更會講法，魔法講出來都是口吐善言，朵朵蓮花從口出，但傳的是魔法！

現在是末法時期，我們想辨別實在是太難了，太多身披袈裟、高居廟堂、口吐善言、口出蓮花的人，傳的卻都是魔法，不是佛法。為何能夠口吐善言而在傳魔法呢？大家不要以為魔法就是教人做壞事，教人去殺人，教人不擇手段，就像大壞蛋在教小壞蛋。那就錯了！那樣出來教人的話，只要露出一點惡，甚至露出一點不善，或是露出一點自私自利，馬上就沒有信眾了，魔法根本就傳不了。事實上，真正傳播魔法必是口吐善言、口出蓮花，如此信眾才會越來越多，因為只要傳的是善言，是教人行善做好事，就一定有廣大的信眾跟隨。

但是有人問：「老師，那為什麼叫魔法呢，教人行善、做好事難道不對嗎？」不是教人行善不對，問題是什麼是善？難道教人做好事

就是善嗎？讓人無私、不自私就是善？我們前面用了很大的篇幅來講善到底是什麼。當你知道真正的善是什麼，你就知道口吐善言、口若蓮花傳的是魔法。現在世俗的感覺，佛法就是教人做好事，魔法就是自私自利，教人做壞事。這是錯的！而且是在用錯誤的世俗之理，你認為的善、惡，來評判什麼是佛法與魔法。

告訴各位，世界上沒有任何一個傳法的人會告訴大家：「我教你們怎麼殺人；我教你們怎麼為自己不擇手段去賺錢；我告訴你們做人就是叢林法則，做事一定要不擇手段，自己先得到一切，把別人的都搶過來。」如果直接這樣傳法，人們會跟隨嗎？馬上就會激起大家的厭惡，這是個惡人，不是好東西，是個壞蛋，這樣什麼法也傳不了。就算是最魔的法、最黑最惡的法，也一定是口吐善言的傳。而且，越是魔法越是口吐善言，一味只讓大家行善。

有人說：「老師，你怎麼能這麼說呢？佛法不是讓大家行善嗎？」這麼問只能說你不瞭解什麼叫佛法，你只是用世俗的觀念、用你認為的在想佛法。前面這麼大篇幅講善惡，其實真正的佛法必是善法。但關鍵什麼是善？一味做好事就是善嗎？一味的做好事是不是偏執？如果你真正想一心向善，那你首先要知道善的意思是什麼，僅僅是做好事嗎？僅僅是分享、無私嗎？僅僅是為了眾生而犧牲自己嗎？這是善嗎？

真正的善是什麼？聖人告訴我們，「一陰一陽之謂道，繼之者善

也」，善是平衡，是陰陽之道，是守中之道。平衡者為善，不偏不倚者為正，正者為善。太極中間那個點才是善。真正的佛法必是善法，既能接納和包容太極當中的白，即是世界中的白，我們所謂的道德仁義禮智信，理性和良知，也就是我們常人所謂的善；同時又能包容和接納所有世界的黑。世界是我的心投射出去的，太極當中的白和黑就代表著一切從我心投射出去的東西，我都要去融合，都要去接納。有人理解不了，為什麼要接納黑，接納殺生、妄語、邪淫，怎麼可以接納這些呢？又把這些當成壞。還是一味把光明、白當成好，把黑暗、黑當成壞。

惡又是什麼？偏執者為邪，邪者為惡。這是善惡的標準，以這個標準鑒定佛和魔，佛法和魔法一下就能鑒定清楚。如果沒有這個標準，一直以常人的善惡標準來鑒別，就會鑒別反了，會把最偏執於白的法當成佛法。偏執於白難道不也是偏執嗎？偏執者為邪，邪者為惡。偏執即是從分別而來，然後分裂，再然後撕裂，再往後就是魔了。如此可知，因為偏執所以才惡。

所謂地獄的眾生，鬼、妖、魔，這三種狀態為什麼墮落得越來越深，如何區別？都是根據偏執的程度。真正的地獄眾生都是剛強不化，好就是好，壞就是壞，為什麼要接納他這個壞人，我就是恨他，生生世世跟著他，就是不放下他！放不下，就是地獄眾生的特性，就是剛強不化。

這樣是不是偏執？為什麼對地獄眾生，佛菩薩都無法伸手拉出來？因為拉不出來，所以佛菩薩只能站在地獄的上空，對著地獄的眾生講：「放下吧，放下你們的偏執，你們認為對的不一定是對，你們認為壞的不一定是壞。放下了就平衡，你自然就從地獄當中解脫出來。」佛菩薩只能這樣去講，而絕不可能伸手去拉。如果伸手去拉，馬上就會被地獄眾生的無數隻手拉向地獄，也得下到地獄去。沒有任何人，即使是佛祖再世，也不可能把任何一個地獄眾生，伸手拉出來，也拉不動。在偏執的時候，巨大的業力和重重的障礙誰都拉不動。業力是不可以由外力來化解的，只能是自己放下，自己化解。

要清楚，這種剛強不化的眾生會進地獄，而不是所謂做壞事的下地獄。我們現在都認為做好事的上天堂，做壞事的下地獄，什麼叫好事，什麼叫壞事？如果標準是幫助別人就是做好事，日本侵略中國的時候，你幫著日本人是好事嗎？多少偽軍在幫著日本人，那都是做好事嗎？這種標準根本經不住任何的推敲。

當你認為把好東西跟別人分享就是好事，那看看你真的能把你的好東西跟別人分享嗎？把無所謂的好東西跟別人分享是可能的，而自己真正在乎的東西能跟別人分享嗎？你把自己優秀的老婆或老公跟別人分享一下試試！放下吧，當你真的不知道標準的時候，起心動念即是錯。

還有很多說法，害人就是做壞事，損人利己的人就得下地獄，那

什麼叫害人、損人利己？還是不通理。這些都不是標準而只是一種感覺，最可怕的就是不求甚解，只是憑感覺。

我們用了這麼大篇幅《六祖壇經》第一品還沒講完，為什麼？連最基本的觀念、概念都搞不清楚，怎麼學佛？最基本的觀念和概念就是善惡。善惡不分，就是非不明，是非就是做事的標準，也都沒有。所以，必須把善惡分清，否則學佛之人怎麼分辨佛法和魔法！僅僅相信自己的眼睛，看見一個和尚特別莊嚴的身披袈裟，高坐廟堂，一副得道高僧的感覺，外形看起來一切都像佛一樣；而且張口即善，大家一定要做好事、行善、不要害人，這樣就是佛嗎？你就認為這是真的善知識，是真的高僧大德。

如果你知道什麼是善惡，你問這位高僧幾個問題：善是什麼？不害人就是善嗎？當我的民族受到侵略，當我們這個族群要被滅絕的時候，我還秉著不害人的善嗎？還頂著所謂的不殺生、不妄語嗎？如果回答是，那民族滅了就滅了，共業嘛！那也不能犯我的殺戒，也不能去害人。我們可以看到，這個理不究竟！

第二節｜不二究竟之法　放之四海皆準

有人說：「老師，難道我們做事就得去害人嗎？」你這樣又偏了，從一個極端跳到另一個極端。真正的高僧在講法的時候一定是講不二

法，也就是後面馬上六祖惠能要講的。我們提前講一講什麼叫不二法，它是沒有分別的，沒有前提的，講出的法一定要究竟。不二法叫究竟法，放之四海都是標準。

那什麼是不究竟法呢？所謂不害人就是善，要行善、要做好事、不要害人，這就是不究竟的法。為什麼？其實很簡單，當想深究的時候，就發現究不下去了。所謂不害人，是指我們在普通正常的狀態和關係下，大家都別起害人之心。有幾個人會沒事時就想我今天害一下誰呢？想到老李得整，再想到老張也得害，世界上沒有這樣的人，如果出現個別的那就是精神病，那種人叫心理變態。我們講佛法要排除那種心理變態，排除不正常的人。我們是針對正常人來講的，只要坐下就開始琢磨怎麼害人，正常人沒有這樣的。

如果只是這麼講法，天天讓大家不要害人，害人之心不可有，這是高僧嗎？講的都是不究竟的法。沒有任何人總琢磨怎麼害人，都是害了人之後，根本不覺得自己是在害人，而且很有理由證明不是害人，都是這樣的。你要問他為何這麼害人，害了這麼多人，沒一個人會承認，都是覺得別人在害他，自己沒辦法，這是正當防衛。

所以真正的佛法和魔法，區別就在這裏。一定要守住這個標準，真正的佛法是平衡之法。佛法究竟的理是什麼？任何真正悟到、得到佛法的高僧，或是得道的人，說話必是兩面說，這樣才符合陰陽的平衡之道。只要你一面說就是偏執，越是偏執，越是分別，就逐漸發展

為分裂、撕裂，然後就變成剛強不化的眾生，就成了鬼，再繼續就成為妖，更加剛強不化。魔是什麼？偏執狂就叫魔，偏執到極點的就是魔。所有魔的共性就是極度偏執。

地獄的鬼是剛強不化的眾生，但還是眾生；而妖的眼中世界已經扭曲，就是剛強、偏執到一定程度以後，看世界就是扭曲的；妖再往下偏執，就是偏執狂，就成魔了。這就是地獄眾生、妖、魔的共性。

並不是說地獄眾生都在做壞事，妖就更害人，魔是最害人的。這是我們凡人的理解，以害不害人、做不做好事為標準，做好事的上天堂，做壞事的、害人的下地獄成妖成魔，而對待妖魔和地獄眾生就得滅了他們，他們都是大壞蛋，我們要為民除害。

告訴大家最大的魔是什麼？不要以為說到魔，都是大黑腦袋、黑身子、滿身刺青，你說的那是黑社會，把黑社會當成魔，其實那不是。最大的魔，真正的魔就是眾人眼中所謂的聖人。一味的白，一味的善，口吐善言，言行舉止一切都是善，他們就是通常眾人眼中的聖人。這種眾人眼中所謂的聖人，其實就是最大的魔！前面講過，這種人偏執到一定程度以後，如果他內心也是這樣，嘴上也是這樣，內外都是這樣，那偏執到一定程度後，一定會有個轉折點，當到達這個點的時候，一下就會物極必反，所謂的聖人就變成了大魔，而這個所謂的聖人自己還不知道。

我們前面就舉了希特勒的例子，但是人類歷史上太多這樣的人和

事了，都是這樣的聖人變成魔，好像是為了偉大的聖人事業，引領著眾生中向善的人，去滅那些所謂惡的人，去滅所謂善人眼中的壞人。當善人凶惡起來的時候，下手可比什麼人都狠。難道二戰時的德國人都是魔嗎？他們都覺得自己是壞蛋嗎？不！他們都覺得自己在為人類做一件偉大的事業，為人類的發展去殺猶太人，所以當他們向猶太人下手的時候，根本已經看不出是普通的、正常的人，比魔還魔。德國就在一個口吐善言的大魔王帶領下，全民族的人、所有德國人都變成了魔。

歷史太多這樣的例子，這就是我們凡人認為的善惡，都是憑自己的感覺來分別，僅憑感覺沒有標準的時候是最可怕的。只是感覺什麼是善、什麼是惡，然後就藉此而判別什麼是佛法、什麼是魔法。口吐善言、教人行善的就是佛法，教人行惡、做壞事的就是魔法，這只是你的感覺而已，不究竟！甚至可能正好就把佛和魔看反了。不知道究竟的標準是什麼，只是凡夫的感覺，這是最害人的。

真正的明師就要把你從這種所謂的感覺中拖出來。只憑自己的感覺，就是在迷中，不知道標準。標準是什麼？標準就是陽光，能夠透過迷霧，看見陽光，就知道太陽在哪裏，就有方向。迷霧當中是沒有方向的，只是憑感覺，我覺得應該往這兒走，結果一腳踏入深淵。真正的悟者，可以把迷霧驅散，把迷人從迷霧中拉出來。怎麼拉出來？從最基本的觀念上去改變，讓你知道真相，讓你知道究竟的理。真正

究竟的理，才是真理，才是標準，才是佛法。

真正的佛法，可不是一味偏執的，讓大家只是一味憑著感覺去行善，因此卻成了魔，最後怎麼成的魔都不知道。所以大家不要被那些身披袈裟、高坐廟堂、口吐善言、偏執的人帶走。這樣的人才會下地獄，這樣的人才會變成妖，這樣的人最後終會變成魔。他們是穿著袈裟的魔，穿著純白衣服的魔，口吐善言的魔，而只有這樣的人才能成魔。

我們現在的社會，不需要再對大家進行行善的教育，本就沒有人會一味行惡，沒有那種只想害人、一看就是大魔王的人！那是內心的狀態，大魔王外表也得穿件白衣服，也得穿件長袍，也得拿把扇子，也是口吐善言，最後把你帶走，帶你落入深淵、下地獄，成妖、成魔了你還不知道。而天天口吐善言的人真的狠起來、變態起來，你就知道什麼是魔了。為什麼他會變成魔，後面我會詳細講。

從理上來講，要平衡，要接納和包容一切你認為的善和惡，要接納和包容一切你認為的完美和不完美，這才是一個完整的太極。只有這樣，睜眼看世界時，才不會只看到片面的世界。

前面我們講到「風動，幡動，還是心動」，重點是講這個世界不是客觀的環境決定自己的命運，而是我的心決定自己的命運，我怎麼看待這個世界決定我是什麼樣的命運。我睜開眼睛看這個世界，一定是我心裏有什麼我就看到什麼。

當我心無掛礙，沒有對錯、美醜、善惡、好壞之分的時候，我睜開眼睛看見的就是世界的全貌。太極既能看見白又能看見黑，我就站在太極的居中之點。心無掛礙的前提下，我一睜眼看見世界，既能看見蓮花、光明、陽光、溫暖、人性的善，同時也能看到垃圾、污水、黑暗、人性當中的惡，所以我一眼望出去，整個宇宙、整個世界盡在我眼中，我都能看到。這個時候看到的世界就是立體的，看到的人就是立體的，日月星辰山河大地都是立體的，不是片面的。這個時候才真的知道世界的真相，看到的東西才叫客觀的、全方位的。

　　一定是心無分別、心無掛礙的時候，看人事物才是全體。心無分別、心無掛礙是什麼意思呢？即是不起一點分別心，不起一點比較心。而不是說，好的我就要盯著，壞的我就不要。一旦分了好壞，你的眼睛只盯著所謂的好，就看不見所謂的壞，或者你會覺得這個世界全是壞，那眼睛就只盯著所謂的壞，看不見任何的好了。普通人、凡人就是只能看見事物單一的一面，看不見另一面，就像我們的肉眼看前不看後，而天眼看到的是整體的全面狀態，其實就類似肉眼和天眼的區別。

　　我們看人不也是這樣嗎？我們看一個人，或者認為就是好人，一定要跟他好好接觸，好好交往；或者認為這是個壞蛋，不是東西。所以，我們看人事物都是片面的，其他的面根本看不見，決策也一定是錯誤的。為什麼佛、菩薩能一眼看到本質？好壞、各個面全都能看見，

全體一現馬上就知道，「這時候他是有善心的，但他有時候為自己是不擇手段的」。繼續看下去，「其實他也有各種的潛能、潛力」。能看到整個人的全貌的時候，你對這個人的評價才是真正的客觀。

凡人被自己的感覺把眼睛遮蔽，看不見世界的全貌，只能看見世界的一面。那怎樣才能做到放下分別、沒有善惡？放下分別的狀態是什麼，就是一念不生。一念不生，不生的是什麼念？是不生分別之念。一念不生全體現，一念不生不是說我一個念頭都不起，念頭要正常的周流，但我不去分別、不去判別它。這個時候，我看任何人、事、物都是全體的。其實這個時候，我的天眼就開了。

真正開天眼，不是往這一坐，意守下丹田，大小周天嗡嗡的轉，刺激松果體，啪啪都是光，然後嘩的一下天眼就開。那樣練的話，什麼人都會練壞，不管是高僧大德還是活佛，如果告訴大家這麼去練，那就是不懂什麼是天眼，不知道什麼是真正究竟的佛理。如果你這麼練，就會越練越執著，越練越偏執。你如果就認為這樣能練出天眼，能練成佛，繼續練下去，魔就是這麼練出來的。我在這兒說話不好聽，就是要警示一下那些沒有正法、正脈傳承的，只是看看書就出來教人修行的人。

其實，很多的古書都是後人編出來的。有人問了：「老師，不對啊，這些不都是經典嗎？」事實上，真正的經典沒有幾本。別看華夏文明傳承上下五千年，有那麼多經典典籍，其實真正的經典並沒有幾本。

「真傳一句話，假傳萬卷書」，表達的就是這個意思。多少高僧大德修煉幾十年，開口只是書上那些東西，告訴你怎麼修寶瓶氣，怎麼修本尊，怎麼修大小周天，那是什麼高僧大德啊？有沒有正法、正脈的傳承呢？只是把書上的內容講出來，教人打坐應該是入定以後，一禪、二禪、三禪、四禪什麼境界……放下吧！行家一伸手就知有沒有，這樣講的東西都是不究竟的。但這些人也不是故意騙人，他自己都不知道何為正法，自己也以為那是真的，自己先把自己騙了。

就像打太極拳一樣，不知道真的太極是什麼，天天在公園裏頭比劃二十四式，嘴上說練的是太極，一到真正交手的時候都變成王八拳，甚至都變成撓了，上擂臺一招也用不上。真正的太極是真功夫，只是一般人沒見識過而已。而且真正的太極和現在日常理解的太極拳完全不是一回事。

真正的佛法也一樣，和你自己理解的、甚至自己想出來的、自己感覺到的，是截然不同，甚至完全相反。有人問：「老師，說到相反，難道真正傳佛法是告訴大家行惡嗎？」不會的，不可能告訴大家：「做壞事去啊，我帶著你們去搶、去砸。」就算帶著所有人去殺人、去搶的最惡的人，一定也在說：「我是為了全體的人類！」然後大家才會跟著他，然後他說：「你們跟我做，把階級敵人都消滅掉，殘酷的對待他們，那就是我們佛菩薩的霹靂手段，我們要把魔全都滅掉！」讓大家都覺得自己是佛、是菩薩，去滅那些魔，所以下手非常狠，對魔

一點也不留情，用最殘酷的方式把魔滅掉。最後又怎麼樣呢，他是真佛嗎？真佛能做這種事嗎？其實，都是以善、以愛、以聖人的名義去做那些魔、比魔還魔的事。所以說，真正的佛法絕不是這種偏激狀態。

第三節 ｜ 接納自己的一切完美與不完美

有人問：「老師，真正的佛法是什麼？」告訴各位，真正修行，是先從自身開始，把善惡分清楚，既接納自己一切的完美，就是我完美的、所謂的善、所謂的良知、所謂的仁義禮智信，這一面我全然接納，不用謙虛；也要接納自己一切的不完美，也就是我不完美、所謂惡的一面。

其實並不容易，先從自己開始。不要說接納別人，不要說接納全世界，因為外面沒有別人，沒有全世界，一切的一切都是發自於我的心。我先從我自身開始，我不恐懼接納完美的我。有人不明白：「老師，接納完美的自己怎麼會不容易、會恐懼呢？我天天都想讓自己變成完美的呢。」其實你想錯了，你並不敢接納完美的自己，就是你的那些優秀品格、功德、功能妙用，你真的不敢接納！

你是聰明人，但你的聰明，根本不敢展露，信不信？聰明一旦展露出來，馬上就有幾句話湧上來，「出頭的椽子先爛」，「槍打出頭鳥」！所以聰明的你根本不敢露，有的時候得裝糊塗。有人還解釋：

「老師，那不是有智慧嗎？」這種智慧是有分別的智慧，我們現在要放下分別。怎麼才能放下分別？先對自己放下分別。你有財，敢露嗎？你有賺錢的能力，可使財富滾滾而來，敢露嗎？又冒出一句話說：「怎麼可以露富呢？絕不可以！」這就是我剛才所說的，你恐懼、不敢露。其實還有很多，你有雄才大略，敢露嗎？更不敢了，你顧慮多著呢。

長得很美，天天照鏡子的時候，第一感覺就是擔心。有人不服：「老師，這擔心什麼呢？我還天天化妝讓自己美呢。」那是你四十歲以後，開始化妝讓自己美。十幾歲、不到二十歲的時候，你是什麼狀態？一照鏡子，真美！自己欣賞完以後，剛要出門，心想不行，這讓流氓盯上怎麼辦？不行，趕快拿布袋把身體遮得嚴嚴實實，前後都跟飛機場似的，年輕女孩是不是就這樣？「別化那麼美，平庸一點，別把美都露出來。你看看學校裏那幾個臭流氓就盯著好看的。有一天，他還盯著我呢，嚇死我了，被盯上了不給他們當女朋友會騷擾得我全家不得安寧的……」十幾歲、二十歲左右的時候，你敢把你的美都露出來嗎？敢展現嗎？四十歲以後美貌快沒了，再化妝美也沒了，所以出門一點也不擔心。真正的美你不敢展現出來。所以，我們常人不敢接納自己完美的一面，不敢顯露，尤其是中國人。

你的不完美你能接納嗎？你更接納不了。「我可虛偽了，我這人一看見領導、看見老師，自然而然的奉承話就上去了，我這人怎麼這麼虛偽呢？下回我必須坦白一點。領導穿的衣服上紅下綠，我還說真

好看、真時尚，你說我怎麼這麼虛偽呢！」你能接納的了自己虛偽嗎？「明天我坦率一點、坦白一點。」其實你坦白不了，但你能接納你所謂的虛偽嗎？

「你看我又跟人家吵架，為什麼？因為我的利益受影響了，所以我跟人吵，回去以後我後悔啊。真是不應該！就為了自己的一點利益跟人家吵架、衝突，我是不是有點太貪了，我就是總想自己的利益，以後我就讓吧。」你每天都在這樣對待自己，你所謂的不完美，你能接納嗎？

你能接納自己的虛偽，能接納所謂的一切不完美嗎？這就是修行。真正的佛法會告訴我們：放下一切，先從自己開始放下分別。什麼是美，什麼是虛偽，什麼是不完美，只要是自己的一切，我都全然的接納它。先從這兒做起，佛法一定是先從這兒起修。

我們前面講了這麼多，都是叫大家放下分別，其實大家都是向外去想，並不知道怎麼修，怎麼放下分別。何謂放下分別，怎麼放呢？事來以後不分別好壞，不分別美醜？全是向外去想。你先不要向外去想，先從內、先從自己起修。自己怎麼起修？平衡嘛！這就是在告訴大家怎麼修。

平衡是什麼？先平衡白和黑、善和惡、對和錯、美和醜。真正的實現我在中間，一邊是白，一邊是黑。我在中間的意思是：白，良知、道德仁義禮智信，這是好，我也能看到，我能接受；黑，有的時候自

私自利，有的時候虛偽、忘恩負義，為自己利益不擇手段，這些我也接受。這就是我呀，好的這個是我，所謂壞的這個也是我。

打破傳統意義上所謂的好壞，也就是感覺上的好壞。「我們為什麼都要去接納、去接受？老師，我就理解不了，我就覺得道德仁義禮智信是好，不道德仁義禮智信就是壞。必須得分出好壞，不然我怎麼做人？好就好，不好就是不好。」就有這種偏執的人。「幫助別人就是好，怎麼可能說他是壞呢？不幫助別人就是壞嘛，這還有什麼可講的呢？」所以，剛強不化的眾生，講理也講不清楚，根本聽不懂是什麼意思。

所以，有的人就跟佛法無緣、跟道法無緣、跟儒學無緣，因為所知障太重，點也點不醒，打也打不透，敲也敲不開；一味的認為好就是好，壞就是壞，就是偏執，然後就變成了剛強不化的眾生。因為這個好，我義無反顧的去做，拼命去做；壞的我就堅決的打擊，消滅那些壞。逐漸開始更偏執，看世界就開始變了，扭曲了，這時候就成妖了。我一定要為了人類，每一個人都要好，有一個不好，我都要滅了他、殺了他，那些都是壞蛋！這樣就成了魔。你以為魔是怎麼出來的？就這麼來的。天天口說道德仁義禮智信、善就是好，我高舉這些好，我把對立的那些，都理直氣壯的消滅掉。這是不是就是我們平時說的所謂的聖人，天天全都是白，全都是完美，這是不是所謂的聖人？

這樣的聖人最後就開始恨，恨什麼？恨那些黑暗、醜陋，他們認

為的所謂魔鬼。然後大聖人帶領著小聖人們消滅那些所謂的魔鬼、壞人，那些不知道分享的人、不走聖人之路的人。其實，所謂階級是不是這個意思，這是高尚的階級、高貴的階級，代表人類發展趨勢的、好的、光明的階級；要消滅那些黑暗的、低級的、庸俗的階級，消滅那些地球上的人渣。到底哪個是魔？其實，兩個都是魔。黑暗的那個一定是魔，而高舉著聖人大旗的這個也是魔，而且這個魔更殘忍、更可怕。現在能理解了嗎？什麼叫身披袈裟、高坐廟堂、口吐善言，但是把人導向魔道，還高喊著去殺，理直氣壯的殺。

歷史上所有的運動，不論古今中外，所有人類的劫難都是這麼來的。西方中世紀的時候十字軍東征，歷史上最殘忍的軍隊就是十字軍，老百姓都被他們虐殺成什麼樣了。他們就是打著上帝的名義、愛的名義，信上帝的人都是有信仰的，都是最善良的人，不信上帝的異教徒就是魔鬼。他們高舉著上帝、高舉著愛，把那些所謂的魔鬼往死裏打、各種虐殺。這是典型的高舉聖人大旗的魔，殺死了多少人啊！希特勒、太平天國洪秀全，也是典型的例子，古今中外都是這麼回事。

好好的理解什麼是佛法，在佛的心中是沒有誰是好的，沒有誰是善的，沒有誰是惡的，沒有誰是應該高揚的，沒有誰是應該打擊的。再壞的人也必有善的一面，這就是太極。如果這個人壞到了極點，是不是也有兩個結局，也許就大反轉，一下變成大好人了。歷史上這樣的人也有太多了，正所謂「放下屠刀，立地成佛」。

我們看電影裏面，黑社會老大殺人無數。首先我們要知道他為什麼殺人無數，他從小就接受到極度的虐待和社會的不公，基本上都是孤兒，然後他對社會特別的恨、怨，形成嚴重的反社會人格，於是乎各種殺，各種虐待，還帶領著一群心理變態的人，最後就變成了黑社會老大。怨恨到極點，殺到了極點的時候，剛把一家人都殺了，最後就剩下一個小姑娘，剛要開槍，突然看到小姑娘用特別天真、純淨的眼睛看著他，他的內心受到了震動……這是不是電影裏常有的情節。大惡人剛要開槍，或者剛舉刀要殺的時候，突然下不了手了，人性的那種純和善，一下子打入他的內心，再看著滿地的鮮血，看著滿地的屍體，他一下就變了，抱起小女孩走了，之後的餘生都在為自己的前半生贖罪，變成一個大善人，寧可犧牲自己也要幫助、保護別人。這就是一個大反轉。

　　一個大魔，黑、黑、黑……黑到最後的時候，一個事件震動，就大反轉成全白，成了聖人。所以，最壞的人要嘛就成了聖人，要嘛就死了、消失了。壞到極點的時候，也是兩個結局：反轉和消失，這就是定理。

　　表面的大聖人也可能一反轉就變成魔，還是穿著白衣服，以前口口聲聲都是不殺生，一定要善，變了的那一天之後，為了全人類，為了人類更好的發展，高喊「殺！」殺人最多的，就是那些所謂大聖人反轉變成的魔。這就是定理定律，否則他也就死了，這就是那句俗語

「好人不長命，禍害活千年」。

為什麼說「好人不長命」？人如果不守著陰陽平衡的這個理，一味的向好，一味的忍耐，有些這樣的人還不是聖人，僅是現實生活中普通的好人，任何人占他便宜，他都包容、忍耐，全都是這樣，是公認的大好人。然而，所有這樣的大好人，基本上都不長命，經常三、五十歲就走了，有的年紀輕輕的一個急病就走了。

「老天爺為什麼這樣不公平啊，這麼好的人怎麼就這樣早早的走了呢？」現在你理解為什麼了嗎？他符合規律嗎？那麼好的人天天忍辱負重，包容一切，他心中有沒有恨？有沒有不滿？一點也不委屈嗎？所有的情緒都去哪兒了呢？是不是全都被他自己壓抑下去了。而就是這些壓抑，達到一定的程度時就大反轉了，直接就要了他的命。這不就是我們所講的「孤陰不長，獨陽不生」嗎！所以，不要去做那個老好人。

真正學習了佛法就會知道，我就是由完美的一面和所謂不完美的一面，合起來形成的一個太極，這才是一個完整的我。不能要求自己變成純白，那樣的話要嘛就會成魔，要嘛就會是好人不長命。

禍害活千年，又是什麼意思呢？純禍害活不了千年，這句話中所說的禍害，就是我們說的不好不壞、時好時壞、半好不壞、忽好忽壞，這樣的人叫禍害，能活千年。這種人是不是就守這個定律，忽好忽壞，時好時壞，可以好也可以壞。其實在歷史上，這一類人才真正是最有

成就、最厲害的人。

只有這類人，好壞在他心中沒有所謂固定的標準，沒有大家統一認為的好，而且必須按照那個好去做。他有時候做事很怪異，有時候比誰都善，惡的時候又比誰都惡，這樣才合乎陰陽規律、符合平衡標準。自己內心沒有什麼好或壞，我該做這件事的時候，我就做。比如日本鬼子來了，我拼命殺敵。我是為國家、為民族嗎？沒那麼高尚，也沒那麼高遠的想法。外族侵略，我如果不拼命殺敵，哪一天打到我這裏來，我的老婆孩子、好不容易大半輩子賺來的財產，都讓他們搶走了，這肯定不行。然後推而廣之，能允許他們搶我家親戚嗎，能允許他們燒殺搶掠我的家族嗎？不能！我的同鄉能讓日本鬼子糟蹋嗎？不能！我這座城市、我的民族能被燒殺搶掠嗎？行了，也別想這麼多了，上戰場殺鬼子，把他們打出去再說。不是這個道理嗎？別想太多，該上就上！所有的中國人全都起了殺敵之心，日本鬼子敢來嗎？

中國人都在阿彌陀佛，各掃自家門前雪：「可別惹事，別衝突，衝突不是好事！」平時吵個架都不行，不可以跟別人去爭利益。何況外族來了，就能殺上戰場去？哪有那個心啊！中國人沒有那個心，到現在也沒有，沒有多長時間了？已經一千年了！為何是一千年，我們後面講。

中國以前是最能打仗戰鬥的，是開疆擴土能力最強的，曾經雄霸於世界，但是現在為何天天被動挨打？因為我們被外族打怕了，我們從骨

子裏面恐懼。外族把我們好的文化都滅絕了，之後中國人就都變成阿Q精神，變成鴕鳥，不管外族是否再來，腦袋往沙子裏一藏，把屁股露出來，「我不想打了，你願意怎麼打就怎麼打吧」，徹底的逃避現實。

中國現在變成這樣，其實跟佛法的歪傳是有直接關係的。佛法、道法、儒學都變了味道，變成了弱者的心理安慰。外族打進來時已經不會拼命抵抗侵略，去爭、去鬥，只會以不殺生為戒律，不爭、不搶、不鬥。而且，自欺欺人的說這是民族共業，是集體的業力呈現，我們就得順，不要去爭、不要去抗，都在自我麻痺，現在中國人就是這個樣子。

佛法要興、道法要興、儒學要興，要清楚興的是何佛法？是何道法？是何儒學？這是一個非常重要的問題，是興我們漢唐之前的儒學？還是興大宋以後的儒學？如果再去興大唐、大宋以後的佛道儒，那中國就真得滅種啦！我們一定要興從大唐盛世開始往前的，即漢唐時期的儒學、佛法和道法，那才是積極的、進取的、真正有力量的，才是我們修行人所講的正法，要傳播的正法。

何謂正？不偏不倚謂之正。所以，我們既要有仁慈，同時又要有霹靂手段。所以，我們修大慈大悲千手千眼觀世音法門，而我們法門最重要的一句話就是，我們既要有大慈大悲的救度之心，同時又要有威猛金剛的霹靂手段、降魔之法、降魔之力。一手大慈大悲，一手霹靂手段，區分對待。不要想那麼多，霹靂手段對嗎？魔也是人，殺魔

對嗎？放下這些糾結。好好的把大慈大悲之心和霹靂手段結合起來，我既接納大慈大悲的慈悲心，同時又接納雷霆萬鈞的霹靂手段，這才是陰陽兩至。把這方面掌握好，該發力量的時候，力量無比強大；該救度時，救度之心也無比強大，這才真正是菩薩。

我們學正法，一定是學得越來越善又越來越有力量。我是很善，但我可是不怒自威，你要欺負我，對不起，我滅死你。這才是真正的佛法、道法、儒學，這才是真正的正法，不偏不倚。

大宋以後，所有的文化都偏向於善，偏向讓，偏向妥協，偏向不爭，全都偏向這些方面了，因此我們的整個文明文化都偏邪了。所以，中華民族從最強大的民族，逐漸變成最弱的民族，到現在只是以人數取勝。等到西方國家民族想滅我們民族的時候，人數算什麼，一個基因武器馬上把整個種族都滅了。現在地球人太多，積弱民族的結果就是滅亡。而中國唯一的出路，就是恢復漢唐時候的文化，重振漢唐時候的精神，只有這樣，我們才能擁有漢唐時候的力量，才能保證我們不被滅族、滅種。

真的有基因武器嗎？大家看看曾經的非典肺炎疫情，怎麼就那麼巧，就只針對黃種人，而且只針對黃種人裏的中國人。白種人沒有，日本人也是黃種人都感染不上非典。非典疫情死了那麼多人，有沒有白種人？有幾個是日本人？查一查就看到了。明顯只是針對中國人的基因，而且針對得非常精準。非典爆發，只有中國一片恐慌，全世界

其他國家都很安靜。如果那麼大面積的非典大瘟疫，全世界應該都恐懼害怕。可是，其他國家都在看笑話，心說中國的瘟疫那就鬧吧，反正跟我們白種人沒有關係。

你以為那是什麼呀？為什麼啊？查查數據就清楚知道，還不警醒嗎？這次疫情，是不是就像一種實驗，一種針對中國人的實驗呢？還怨到果子狸身上，把果子狸都殺光，跟果子狸沒有關係。能夠製造出那種病毒來，只針對中國人，不針對日本人、白種人，為什麼會那麼恨中國人呢？其實，不是那麼回事。

現在一個民族、一個種族要想消失太容易了。而且一定是高舉著上帝的名義，高舉愛的名義，為了地球人的幸福，把黃種人全部消滅掉，因為在他們眼中這些人是魔的子孫。在他們的眼中，黃種人是龍的傳人，但是龍在他們上帝眼中是紅色的惡龍，就是撒旦。十字軍東征的歷史慘劇有沒有可能再次出現？絕對有可能的。在某個所謂聖人的感召下，以上帝的名義，以愛的名義，以民主、博愛的名義、以各種善的名義，去消滅惡龍的魔子魔孫。而且下手絕對會非常狠，甚至不擇手段，什麼基因武器、生化武器都會用上。消滅黃種人以後，十幾億人就沒了，地球就不再人滿為患了，就清淨了。

那一天不是不可能出現，中國人趕快覺醒吧，趕快崛起吧，趕快奮起吧。這不是危言聳聽，自己想一想、看一看，這種說法可不是我提出來的，很多人都在警告，但是中國人還沒有警覺。老百姓警覺了

有什麼用，不知道應該怎麼對治啊？明白的人就得出來，呼籲國家、呼籲老百姓真正把力量發出來，不能再弱下去了，各個領域都得有這樣的明白人來呼籲，讓大家覺醒。

我們是從修行人的角度、從文化的角度來講這個問題，呼籲大家要在文化上恢復漢唐時期真正的文化精髓，讓老百姓改變觀念，學到佛的正法、道的正法、儒學的正法，然後把力量平衡回來。我們現在太壓抑了，我們把力量都壓下去了。我們要學正法，把力量平衡回來。有力量，才能與人爭，跟人鬥。要改變我們的觀念、知見，不要把爭鬥、衝突當成不好。我們從小就受這樣的教育，不能跟人起衝突，一定要和諧，乖順的孩子、聽話的孩子、謙讓的孩子才好，會妥協、會容忍、會包容的孩子才會受到獎勵。我們要改變這種觀念和狀態，允許我們的孩子去爭，為自己去爭，為自己的利益去鬥，為自己的利益去衝突。

有人問：「老師，你這是在教我們什麼呢？這是《六祖壇經》教我們的嗎？」是的，這就是《六祖壇經》教我們的東西，而且是真東西。如果再一味的妥協、一味的忍讓、一味的不爭、一味的無，整個中華民族必滅。告訴各位，往後看，我現在講的這些就是《六祖壇經》後面馬上要講到的，我只是現在提前把後面的內容講了，等到講後面的時候，大家就知道怎麼回事了。

第二十五章

不論禪定解脫

佛法不二之法

第一節 | 無真無假　勇猛精進

　　六祖惠能把衣鉢拿出來之後，大家就都信了。印宗馬上請為上座，然後請教，【「黃梅付囑，如何指授？」】「五祖弘忍到底給你傳授了什麼佛法呢？是怎麼跟你說的？真正佛法的精髓到底是什麼呢？」【惠能曰：「指授即無，惟論見性，不論禪定解脫。」】「指授即無」是什麼意思？意思就是五祖他沒跟我說什麼。聽到這話印宗肯定會一楞，傳了你佛法精髓，怎麼會沒跟你說什麼呢？印宗這還是聽不懂啊。

　　這話是什麼意思呢？意思指五祖弘忍完全是以心印心，不是用語言或者文字傳的。「指授」，「指」即指明一個方向，「授」即傳授。「指授即無」，意為不是從語言、文字上給我傳一本經、一本祕籍、一個口訣，或者教我一個方法，沒有那些方式。但是印宗為什麼要這麼問呢？問黃梅五祖如何指授，意思還是落在總得有個具體的東西傳給你吧，得有一個法傳給你吧？這是不是就有局限，其實就是有分別了。

　　五祖傳法給你，傳的一定是真法，真法後面對應的是不是就是假法？法其實並無真假，說有真法那就一定有假法，所以說六祖惠能先把這個打破，沒有傳授什麼法。如果有一個法的話，就著兩邊了，著相了，一著相就不如法，就邪，就走偏了。他傳我正法，傳我真法，是不是馬上就會有一個假法、邪法對應啊？所以，聖人心中無法。無法，無真無假、亦真亦假、都真都假，這才是真正的法。法上應捨，

何況非法。你得先捨掉法。

「惟論見性」是什麼意思？「見性」又是何意呢？「菩提自性本來清淨，但用此心直了成佛」，「見性」就是這句話。「不論禪定解脫」，這裏的禪定和解脫就是傳統意義上的禪定和解脫，四禪八定、打坐、戒定慧、鬆靜定，然後解脫生死。

說不論禪定解脫，馬上印宗就問了，【「何不論禪定解脫？」】「怎麼可能不論禪定解脫？」不是不需禪定解脫，是不論禪定解脫，即不要跟我交流那些事兒，那些都是胡扯。印宗直接就懵了，因為他們接受所謂的修煉，一定就是修禪定和解脫，為了解脫而禪定啊。你怎麼上來直接就說不論禪定解脫，意思是提都不要提呢？所謂的禪定解脫跟修行、成佛一點關係都沒有嗎？印宗糊塗了，馬上就問：「何不論禪定解脫？怎麼能不透過禪定就能得到解脫呢？怎麼連解脫都不提了呢？」六祖惠能就說：【「為是二法，不是佛法，佛法是不二之法。」】

「二」是什麼意思？什麼叫二？二是不是就是陰陽，二即是有好壞，二即是善惡，二即是美醜，二即是黑白，二即是對錯，二即是應該不應該，所以二即是分別之法。而禪定解脫乃分別之法，不是佛法。佛法是不二之法，不二之法就是不分別之法。

為什麼禪定解脫就是分別之法呢？你有禪，由禪而定，四禪八定那是一個狀態，入一禪、二禪、三禪、四禪，有各種境界。定，有八個定境，也要一個一個去驗證它，這是不是就叫「有」啊，那既然有

所謂「有禪」，是不是就有「無禪」相對，「有定」是不是跟「無定」相對，是不是就分別出在禪定中和不在禪定中，或者叫在定中和不在定中？

我現在參禪入定，那我不參的時候是不是對立？我不是廿四小時一直在參禪吧？當你有一個參禪的想法的時候，就一定有個不參禪，這是不是就是對立？這就是二，這叫二法。有入定，就必有出定，那入和出，這就叫二。入定是不是好，入甚深定境好不好？當然好。入不了甚深定境，被俗事所煩惱，這是不是就不好？這就分出好和壞。然後一味追求好的，是不是就要壓抑壞呀？不斷的追那個入定的狀態，是不是就不想要或者壓抑、排斥那個不入定的、凡夫的狀態啊，就又把人分成聖人和凡夫。入定的時候、參禪的時候我是聖人，出定我即是凡夫，凡夫不好聖人好，最好每天都在聖人的境界，每天都脫離凡夫的境界，那多好啊。

不斷的分別，不斷的起伏，不斷的作用。那解脫呢？解脫是好，不解脫是不是就不好？有好就有壞，這也叫二。一到二的時候就開始分別、分裂，然後撕裂，痛苦都是從這裏來的。

你天天說要成佛，其實每天都在分別、分裂。問你在幹什麼呢？你回答在修行。怎麼修行啊？用禪定以求解脫，為了解脫而修禪定。真正的佛聽到後會回應你：別瞎扯了！你是離道越來越遠，離佛越來越遠！你在成魔！不斷的強化禪定，就得排斥、打壓、消滅不禪定。

越強化、嚮往禪定，就越偏執，越排斥、壓抑、不禪定，越結果天天說要成佛，其實每天都在分別、分裂。越是追這一方面，相對應的方面就越分裂。這個就叫二法，叫分別之法，這絕對不是修行。

天天打坐，天天念佛，天天入定，就是在修魔道，而不是佛道。有人疑問：「老師，不是說要勇猛精進嗎？」前面講過，勇猛精進的不一定能解脫，不一定能成佛。又問：「這麼說的話，那我就不修，不求究竟了。」不求究竟就是凡夫，凡夫就是不求究竟，那你就是迷人，就是凡夫。再問：「老師，我這個智力不行了，我實在是聽不明白，到底是應該精進還是不應該精進呢？」所以，真正的佛法必須得有明師來指引你走向不二法門。不二法門就是我既要精進，又不分裂、不撕裂。必是得有明師，他絕不是分裂的狀態，而你的精進也是必須得有的。

第二節｜不二佛法早在科學山頂　文化信仰重啓華夏文明

【宗又問：「如何是佛法不二之法？」】印宗馬上就開始問，這不二之法，以前都沒聽說過啊？印宗問的這些，其實都是佛經裏最基本的東西。也就是說，以前大家都在求佛、修佛，都看經典，比如印宗，一直在講《涅盤經》，其實根本就沒明白。佛法是不二之法，就是《涅盤經》最精髓的東西。他開講《涅盤經》，卻並不明白，都是從字面

上去講經說法，不知道佛法真正的含義是什麼。

六祖惠能傳承的，是從達摩至五祖弘忍一路傳下來的佛法的心法，以心印心、不立文字。真正佛法的心法，釋迦牟尼佛祖傳給了大迦葉。迦葉拈花微笑，得到心法，而這一笑，別人都沒看懂。佛祖在法會上拈著一朵花，下面沒有一個人看懂，佛祖拿朵花幹什麼呢？只有他的大弟子迦葉站起來，微微一笑。佛說：「是了，我這兒有正眼法藏，不立文字，教外別傳，這些我就傳給你了。」這樣迦葉就接住了，此即心心相印，就是佛的心法。

之後，二十八祖達摩把佛的心法，在梁武帝的時候傳到中土。心法是什麼？就佛法來講，心法是最精髓、最精微的部分，是最重要的、內涵的東西。就由達摩傳過來，不立文字。所有那些經典，都是屬顯化於外的東西，就是皮肉；而心法，是藏於內的。透過達摩傳到中土。

但是，光有心法也不行，心無形，還需要有形的法跟心來配合，即得有身體。那身體是誰帶來的？就是唐朝初年時，唐玄奘到西域去取經，把這個形，也就是六百部經典、經書，帶回長安，做了翻譯。此時，西域整個佛法的形（經書經典）和神（心法）都到了中土。唐玄奘離開西域後不到 50 年的時間，佛法就沒落了。唐玄奘在西域時，是佛法最鼎盛的時期。唐玄奘即是三藏大法師，當時在西域佛教各大門派中，都得到大法師的稱號，即是佛法最厲害的法師了。而他把佛法最精髓的部分全都帶回中土，是很了不起的。

唐玄奘回來以後，創立唯識宗。唯識宗所倡導的佛理，對佛法非常重要，揭示八識的功德妙用，尤其是第八識阿賴耶識，也即是心。阿賴耶是梵文，意思就是心。唯識宗把心的運作過程，整個宇宙的形成，包括它的構造、運行規律、生滅等等，闡述得非常的清楚和明白。唐玄奘創唯識宗，應該說在中國的佛教史上，是最為重要的事。學佛不能糊裏糊塗的，不能只是打坐念佛，必須得通達佛理。真正的佛理在哪裏？真正的佛理，就是對宇宙真相的闡述，對宇宙規律的揭示，其實都在唐玄奘的唯識宗裏。唯識宗的《成唯識論》和《唯識三十頌》，是邏輯性最強的著作，這兩部經典揭示的都是宇宙的規律，揭示的這些是非常科學的東西。也就是說，佛法是最有智慧的人來參修，而且都是一生參修。幾千年來歷朝歷代，都是最有智慧的人參修佛法、道法以及儒學。佛道儒都是一樣的，都是一回事。

　　我們一定要重視唐玄奘所創立的唯識宗。但是非常遺憾的是，因為他這套東西太高深，傳了十二個弟子，卻都沒能繼續傳下去，學不會，顛覆性太大了。他對宇宙自然真諦和規律的揭示，完全顛覆我們平常眼睛所見的、耳朵所聞的。比如他告訴我們四大皆空，四大即是風火土水，四大皆空就是說組成世界的這四大物質其實是空的，這和現代量子物理學所說的一樣。但是一兩千年前的古人，怎麼能理解什麼是空，又怎麼可能理解這些都是空的呢？後面再講「五蘊十八界」，指出這個世界都是精神、是心理構成的世界，而不是真的有這個世界。那個時候哪能聽得懂啊？所以，唐玄奘的唯識宗，只傳了一代，就傳

不下去了，沒有人能研究明白。後來一直到了民國的時候，才開始有人重提《成唯識論》，開始研究《成唯識論》，但也沒研究明白。所以現在唯識宗，基本上早已經斷絕。

唐玄奘費勁千辛萬苦，把當時古印度佛法的精髓，全部都帶回中土。帶回來後，唐玄奘還做了兩件事：一個是直譯，就是直接翻譯他帶回的六百卷經書，以前的經書是梵文寫的，他不加任何自己的觀點，怕自己的觀點有問題，經上怎麼說的，他就直接給譯出來。第二，就是把自己對佛法的理解和感悟，包括佛法的精髓到底是什麼，應該如何研修和學習佛法等等，他把自己最認同的、最認可的一整套內容，整理形成「唯識宗」。他推薦的就是《成唯識論》、《中觀論》，還有《唯識三十頌》。而且這兩件事，他做得都特別的完整。

透過唯識宗，透過《成唯識論》，就會發現，唐玄奘對佛法的理解已經可以說前無古人後無來者，後世沒有人能超過他，但是大家看不懂《成唯識論》，那麼厚，翻幾頁，就已經暈頭轉向了。太多的名詞，太多的邏輯關係，邏輯性太強，他不是用科學實驗把宇宙自然的真諦揭示出來的，完全是用一整套特別嚴謹、嚴密的邏輯論述出來的，這太難了。最近的幾十年，量子物理學才把宇宙的真相和規律，一點一點透過實驗揭示出來，破除我們眼睛所見、耳朵所聞的假相，而且僅僅揭示了一小部分。其實，現代量子物理學揭示的這些部分，完全都包含在《成唯識論》裏面。

以後科技的發展方向，是現在這些物理學家最頭疼的。他們天天在做大量的物理學實驗，但是哪個物理學實驗能成功、能應用，能聞名世界、能被國際認可呢？對物理學家來講，實驗的方向是最重要的，方向不對，得出再多的物理學結論也沒用。現在的物理實驗，絕大多數都是沒用的、無效的，因為它不代表科技發展的方向，不代表科技發展趨勢。我們耳熟能詳的那些，比如波粒二象性、「薛丁格的貓」之類的，這些都是代表著科技發展的方向。真正成功的物理學實驗沒有幾個，最後能真正得到大家公認，而且是可以應用的，沒有幾個。方向性最困惑現在的物理學家。

　　真正方向性的東西要從哪裏找呢？從《成唯識論》裏，就是從佛法的精髓裏去找。愛因斯坦就說，現代的科學家費盡千辛萬苦爬到山頂，發現佛祖早就在這兒等他們了，對他們說，「你們終於來了，走了好幾千年啊。」其實本來有捷徑你不走，偏偏從物質的路上走，又研究宏觀，又研究微觀的，走了好幾千年才走過來。佛祖在這兒等了好久，現代科學家才來。

　　現在來看，學佛法一定要配合經典物理學、量子物理學，這些所謂的科學實驗的證據、實驗數據，這樣我們才能看懂佛法裏面告訴我們的是什麼。所以，真正研究佛法，一定不能天天只是打坐念佛，只知道修一兩樣助行，就覺得是在修佛法。才不是呢！要好好研究佛理，好好研究道法，好好研究儒學，其實佛法、道法和儒學說的完全是一

回事，只是它用的術語不一樣而已，它展現出來宇宙自然的角度不同而已。

那學儒學，應該從哪兒開始研究呢？我認真的提醒大家，在學儒學、研究孔子時，千萬不要從《論語》開始。現在大家研究儒學，研究孔子的思想，都從《論語》開始研究，那不是正路。為什麼？因為《論語》根本就不是孔子親自寫的，那是孔子的弟子記述師父的言行錄，是弟子記錄的。

而弟子記述的《論語》和《六祖壇經》又不一樣，《六祖壇經》是因為六祖惠能不會寫字，弟子上課記完筆記以後，是經師父六祖惠能認同、認可的。而《論語》是孔子離世後，由弟子將孔子言行的記錄彙集而成，東一句西一句，裏面基本沒有邏輯。藉由《論語》研究孔子，可能研究明白嗎？比如「三人行必有我師焉」，前後沒有語境，單單一句「三人行必有我師焉」，難道就是說，三個人裏頭就一定有一個我的老師，是這麼理解的嗎？「有朋自遠方來，不亦樂乎」，從這句話裏能分析出什麼？難道就是，有好朋友來了，我很高興？這麼理解分析能看出孔子什麼思想？

千萬不要從《論語》開始去研究孔子，方向不對。《論語》是從宋末時候才開始作為研究孔子的主要著作的。宋末開始提倡「四書」，也就是《大學》、《中庸》、《孟子》和《論語》，才把對《論語》的重視程度提上來。結果，現在的人研究孔子就僅從《論語》開始。

雖然有句話叫「半部《論語》安天下」，但能理解這是在說什麼意思嗎？僅僅讀《論語》如何能安天下？《論語》本身並不成體系，都是支離破碎的，也就不能系統理解什麼。

真正要研究孔子，孔子本人不是沒有著作，用他本人編撰的經典著作去研究，那才是孔子完整思想的直接表述。比如五經和《十翼》，都是孔子親自編撰的。只是南宋後期整個中國文化、中國文明開始偏向，中華民族、文化的沒落，就是從此開始的。

漢唐時期學儒學，從何學起？漢時推崇五經，學孔子儒學從五經開始，《詩》《書》《禮》《易》《春秋》，這都是孔子親自編撰的，他的思想都在這裏面，系統的揭示了孔子的儒學思想，非常博大精深。包括整個宇宙自然的規律，中國文明的源頭、延續發展的脈絡，以及文明的精髓、文化體系的落地應用，都在五經和《十翼》裏，有一套成體系的完整論述，可以說是由此構成了中華民族的整個文化體系以及文明體系。研究中國的文明、中國的文化，絕不可以脫離儒學。因為儒學就是一條主脈，無論任何時候，都脫離不了。即使外族侵略、統治中華大地的時候，儒學也都是外族所推崇的。

但是宋是一個分水嶺，儒學在宋之前，是圓滿的儒學。也即是說，漢唐所學是圓滿的儒學，揭示的是立體的、完整的體系。宋之後直到現在，研究和使用的儒學，都已經不能稱之為儒學了。宋之後的儒學，是偏執的儒學，是偏向仁義禮智信的儒學，即所謂口出善言的儒學，

是不完整的，是有漏的儒學。

中華民族到底出了什麼問題？一定是文化信仰出了問題。我們中國人現在已經不知道中華民族的信仰是什麼了，也不知道中華的文化體系和民族文明了。中國的文化體系出問題，就是從宋以後出現的。所以，我們現在作為學者，作為文化人、修行人，非常有必要挖掘、重啟、恢復宋之前的儒學、道學、佛學。這是我們所有華夏子孫，從事文化的人，真正的修行人的當務之急！

如果不把文化撥亂反正，我們的知見、民族的知見就不正；知見不正，我們的精神就沒有力量；精神沒有力量，那我們在現實中的思維模式、行為模式，就一定是弱的、一定是有漏的，我們在現實中就會被動挨打。華夏文明這套優秀的文化精髓如果發掘不出來，我們每一個人的潛能就發不出來，我們每一個人的力量就發不出來，那一定是被動挨打，最後就是滅族、滅種，這是一定的！我們怎麼恢復力量？一定是透過恢復宋之前的漢唐的佛學、道學、儒學。這是當務之急，當務之急啊！

第三節｜佛法無修不修自修　找回自我圓滿人生

印宗在開講《涅槃經》，但還是從字面上去理解，並不知道它的真意是什麼。所以，當問到不二之法的時候，惠能就用《涅槃經》上

的話，對印宗來解讀。為什麼要用《涅槃經》中的話來解呢？怎麼不用《金剛經》的話呢？因為他剛聽過印宗在講《涅槃經》。所以當印宗有疑問的時候，他就直接用《涅槃經》經文的含義來給他解讀。【惠能曰：「法師講《涅槃經》，明佛性是佛法不二之法。」】這就用《涅槃經》的話，告訴你《涅槃經》真正的意思是，佛性是佛法不二之法。佛性又是什麼呢？佛性就是菩提自性本來清淨，本來清淨即是佛性。

佛性是佛法不二之法，就是說你向著佛性，回歸本來，這就是佛說的不二之法。佛法不二之法還有一個含義，就是沒有第二條正路。正路只有一條，也叫不二，有二就有分別。如果說這也是正路，那也是正路，那要嘛兩條都不是正路，要嘛就只有一條是正路，因為真正的正法正道只有一條，而邪說外道是無數條。佛性才是佛法的不二之法，我們說放下，讓你的清淨的自性發出來、顯露出來。這就是佛法，是唯一的佛法、不二之法，所有其他的都是邪說外道。而邪說外道，我們就叫做助行。

有人詫異的問：「助行是邪說外道啊？」對了！所有的助行都叫邪說外道。為什麼？因為你修助行，再修也修不到本體，修助行跟修本體沒關係。但是為什麼要修助行呢？我要修本體，就是要修清淨啊，但是清淨不需要修。沒有任何一個法是用來修清淨的，清淨本來就在。那我們在修什麼呢？要記住，我們修的不是法，佛法是不需要修的，無一法可得。「法尚應捨，何況非法。」沒有一個法可以讓我們更清淨。

你如果覺得有那就走錯了，一定走上了外道。只是恢復本來的一個狀態，自性清淨還需要什麼法嗎？

　　那麼，修行又是在幹什麼呢？我本來就是清淨的狀態，但是由於生生世世以來的無明、各種分別，形成各種各樣的知見，然後就形成了各種障礙，就像烏雲一樣，在我清淨的本性上面，有厚厚的烏雲遮蔽。我們修行的目的即是把這些烏雲破開，這也就叫助行。助行有沒有意義呢？助行當然有意義。我知道烏雲下面就是那個清淨的本性，但是我見不到，它顯露不出來，我看到的是一片烏雲，風起雲湧全是烏雲，都是業障，我就在業障當中，不斷循環、不斷輪迴，就是回不到本來。這個時候就需要助行，我念佛、念咒、修本尊、打坐、吃齋、禁欲、苦行等等。但是我知道，我只是為了把障礙打破，助行可不是修行本身。

　　一旦把障礙打破，助行就只是工具，我還能守著這個工具嗎？如果我把障礙都破了，烏雲都驅散了，我還拿著工具，這個工具本身不就成了障礙？就像我坐船要到美國，已經到美國了，是不是把船拋下才好上岸，我不放下這艘船，甚至把船當成解脫的本體，那是不是就錯誤了，無法踏上美國了！所以，當我把烏雲驅散以後，我把手裏面驅散烏雲的工具一放，是不是直接就見到本性，解脫成佛了。那時還需要修嗎？不需要修，所以叫無一法可得。無一法可得，即是對於本性你沒修什麼，也不需要修什麼，這就叫不二法門。

我怎麼找到那種清淨？現實中就得練，怎麼練？先從自己開始練，接納自己一切的完美與不完美，從這兒開始練。接納不了怎麼辦？接納不了，就是福薄業重。福薄業重怎麼辦？就需要積功累德、積陰德。怎麼積陰德？要種福田。種福田、積陰德是為什麼？修行人真正修到有所成就，一定得是福德厚重。如果沒有福報，連世間的圓滿都做不到，還如何修佛？想修出世間就是不可能的。修佛、修道、修儒學的人，必須都得積福。福到一定程度以後，你才有緣，沒有福就沒有緣。

　　你的福薄得就像一層紙，全是業障，這種狀況下說要得遇明師，怎麼可能！明師即使出現，業也將你障著。厚厚黑黑的業，明師在一邊，你在另一邊，這層業就障在你和明師之間。沒有福就沒有緣，緣是在福的基礎上。所以，我們為人做事，一定得積陰德。何為陰德？你真正幫助別人，真正做好事時，不要去留名，幫助就是幫助，不是為了什麼目的才去幫助，也就是《金剛經》說的「無相布施」，這就是積陰德。

　　什麼叫陽德？我在現實中做好事之後，或者留了名、揚了名，得了名，或者得了利，那麼你所做的好事，在現實中直接現報還你，因為你得名、得利了，這就叫陽德。陽德不積給子孫，不積給自己的後世，現買現賣，現世得回報，所以叫陽德。

　　我們要盡量積陰德，真正的陰德就是默默的去做好事，所以才叫陰德。別人也不知道，也沒人給你揚名，你也得不著利，但你就是發

心去做這個好事。這樣就是在給子孫積福報，給自己的後世積福報。你的福報足夠，再發個願，自然就有機緣得遇良師、明師，然後帶你走上修行的正路，讓你更加昇華。所以昇華的前提，一定是得先把人做好，一定是有福報的人。有大福報的人，才有大昇華，才能修得解脫生死，這是不可或缺的。

讀了前面的這一段，有人可能會說：「老師，那我就不做好事了，我什麼都不做。」不是這個意思。你要清楚，做好事、幫助別人，這本身不是修行，但這是種福田。你要想修行，如果沒有福田，只是業障深重，也修不了。但不能把做好事當成修行，它不是修行本身，而是修行的前提，是你得遇明師的前提，我們要把這個關係都理清楚。

為什麼讓大家布施呢？尤其是錢財上的布施。「老師，你看，你也說到讓大家捐錢了。」你要清楚我講的意思，為什麼說在錢財上的布施都是大布施？因為現在大家太執著於錢。財是什麼？生存之本，連我們的社會體制都是這樣制定的。有錢人的生存繁衍就沒問題，各種資源全都傾向於他，感覺有錢在世界上就可以擁有一切。因此，大家最難捨的也是錢。經常會說「我幫你幹活，幫你出力，甚至付出情感，關注你，支持你，都沒問題。但是，要錢沒有！」

錢財對我們來講，最難捨。布施就是要看你在財上能不能捨，財能捨，情啊、愛啊，其他的任何利益，你基本上都能捨。財富觀是特別大的一關，所以我們修行，第一要破的就先破財富觀。什麼是財富

觀？我們得先在財富上沒有缺，是富足的。如果財富上沒有富足，那修行的方法一定是有問題的，知見必有問題。然後當我富足之後，要能捨，能讓財流動起來。這並不是說你必須全都捐出去。但是話又說回來，如果你能那樣做的話，你就是大德。

這方面歷史上有很多典範，像范蠡，心中真的無懼，心中真的有財富。擁有巨萬身家之後，一下子就可以全捨出去，是不是在積陰德？多少貧苦百姓早上醒來一開門，發現一個金元寶放在自己家門口，高興極了！不知是誰做的好事？當時並不知道是范蠡做的。而且傳說他連續三次，富可敵國，一夜散盡。對每一個窮苦百姓來講都是救命，甚至是救一家老小的命。那時范蠡救了多少人的命，積了多大的陰德啊！那得是多大的心量。

現在我們怎麼看待財？一般人有一億元，能拿出一百萬來布施都很不錯了。每當要布施的時候，或者應該捐一點錢的時候，就算計得很。你通常情況「我這一億裏，捐出一百萬？還是捐五十萬算了！」其實這財不是從社會得來的嗎？應該取之於社會用之於社會、還之於社會嘛。錢即是水，一定得周流起來。當我們說積陰德的時候，就有人說那我做點體力活不就可以積陰德嗎？摺點千紙鶴當作祝福，給人送點這個祝福、那個祝福。告訴你，別扯那些沒用的，要做點實用的。

有人說：「老師，你看你也是一樣提錢。」我可不是說捐錢給我，在此是給大家講怎麼積陰德，如何做正布施，如何打破你的財富觀。

當你心中有了財富，真正富足以後，要讓你的財富周流起來。當財富周流起來，既可以積陽德，又可以積陰德，你和子孫都受益多好啊！看范蠡，子孫萬代都在受益，我是范蠡的七十四代子孫，還在繁衍延續，還在講經說法呢。范蠡所掌握、傳承的紫薇蠱術，現在也還在用著，子孫還在受益，這都是我們老祖宗的智慧。這就是陰德，范家後代諸如范仲淹等一代代出了很多名人，為什麼能出這麼多？始祖就是范蠡。

修行到底修什麼？為什麼要種福田？大家要知道，積福本身不破業，業是業，福是福。我種很多福田，但本身福和業不能抵消，這是兩個概念，福就是福，業就是業。我既要積福田、積我的福報，同時，我還得有破業的手段。破業的手段是什麼呢，就是打坐、念佛、念咒等助行。我有針對性的去破我的業，化解生生世世以來的業。業越來越薄，福越來越重，這就是我們修助行的意義所在。修至福重業薄的時候，我們就有機緣碰到明師。而且業很輕、福很重的時候，現實中我們就不斷的圓滿，越來越圓滿，我的子孫也會越來越圓滿。

只有在這種狀態下的人，才有可能真正靜下心來拜明師修行。也只有在這種狀態下，人才有可能昇華。從做人來講，先做到成為一個相對圓滿的人，才能昇華做神、做佛。但是，這跟修行本體沒關係。本性不用修，不要為了清淨本身去修什麼。你的佛性、你的本性，就清清淨淨在那兒，從來就沒失去過。只需要把上面的烏雲撥開，把福

薄業重的你，變成福重業薄的你，而後得遇明師一點化，一下就可以把你最後那一層業點開，你清淨的自性就一下顯露出來，就大徹大悟修成了。

所以我們的修行就叫做在聖人的引領下破迷開悟。迷，迷障，就是業力障礙。破除迷障而開悟，開悟本身不用修，是自然而然就開。迷、障一旦破掉，自然開悟，就找回了自我。我們強調的是在聖人的引領下，教授我們破迷的方法，而開悟不需要方法。所以，佛法不是修來的，所有助行的作用都是破迷，破了迷自然就開悟了，然後找回自我。當本性清淨的自我露出來時，我就找到了自己，我就不再向外求佛、求聖人、求師父了。一旦找回自我，即可圓滿我的人生。

圓滿人生包括解脫生死，即生死在我自己的掌控中。當我清淨的自性出來後，我的生生死死就全是我決定的，都在我的掌控下，這就是圓滿我的人生。比如，我想感受一下狗的感覺，我死後下一世就投生成狗；當三個月的狗，我覺得明白做狗是什麼感覺了，我就可以再投生成蛇；當了兩個月蛇……生生世世都是一種感受而已。如此，你就是那個遊戲的操控者，可以操控遊戲。我想玩一個槍戰遊戲，我就把自己放到一個境中，即是正在打仗的場景中，我當將軍也好，當士兵也好，我想要什麼角色，我就能當什麼角色。還可以給自己設定成一個無敵模式，我是一個士兵，但是在戰場上任意的衝啊衝啊，子彈無數，卻怎麼都打不著我，甚至打到我也沒有傷害。或者是個大英雄、

大俠，不管山有多高，我也可以一躍而過。

你是遊戲設定者的時候，在遊戲中是不是做什麼都可以，所有外掛都可以開，所有模式都可以設定，這其實就相當於圓滿你的人生。你就瀟灑的玩吧，這就是所謂遊戲人間，遊戲六道，遊戲天堂地獄就都是遊戲了。

有人不信：「老師，能做到這一點嗎？」我們修行，不就是在修這個嘛。聖人本身就是按照這條道路走的，也就在告訴我們一定能做到，然後帶領我們也往這兒走。即是，在聖人的引領下，破迷開悟，找回自我，圓滿人生。這就是我講經說法的目的，我們修行的目的其實也就在這裏。所以，佛法是不二之法，就沒有別的道路。這裏你如果真正能明白，也就知道佛法、修行到底是怎麼回事。

所以有此說，佛法無修。佛法不可以談，其實沒有那麼一個法，即沒有一個法叫佛法。你要說有，就又落入判別、分別，說有法的一定不是佛法。六祖其實在跟印宗講述，別把禪定解脫當成修行佛法。禪定解脫不是修行佛法，佛法是不二之法，是沒有分別的。法尚應捨，何況非法，意指法與非法全都捨掉，都沒有，此時清淨自性就顯露出來了，根本不需要修什麼。

但是聽不懂的人則說，「不修我還怎麼修啊？那就不修了嗎？」不修，那不就是凡人了，凡人都不修。佛法其實是「不修自修」。更聽不懂了，什麼是不修自修呢？即是說不修本身就是修。你既得修，

你又不能修。不修就是凡人,所以得精進的修,但是你還不能修。「老師,你這話說的顛三倒四。」這就是言語道斷,佛法正道用語言是無法表達的,你既得精進的修,又不能修,又無法可修。難以再說明白了,能悟到什麼程度就到什麼程度吧!

第二十六章

非常非無常
非善非不善

第一節 | 善根有二 佛性不二

惠能下面舉的這個例子也是《涅槃經》裏的例子。【如高貴德王菩薩白佛言】，高貴德王菩薩問當時的佛：【「犯四重禁，作五逆罪及一闡提等，當斷善根佛性否？」】這句話是什麼意思呢？「犯四重禁」是什麼意思呢？「四重」就是四個罪大惡極的，「禁」是戒律。犯了什麼樣的戒律是罪大惡極的，四重禁是什麼？第一，殺戒；第二，淫戒；第三，妄語戒；第四，偷盜戒，就是指犯了這四大戒律。疑問說，不是五大戒律嗎？這裡飲酒先不算。四重禁，就是指違犯這四大重要戒律，殺盜淫妄。

「五逆罪」又是什麼呢？逆罪，即最十惡不赦的重罪。而最十惡不赦的五大重罪，就叫五逆罪。殺父、殺母、殺阿羅漢、出佛身血、斷人慧命，就是這五大罪、五逆罪，這是最重的五大罪。首先，殺父殺母肯定是；殺阿羅漢和斷人慧命也好理解是大罪；何謂出佛身血，一刀插在佛的身上，把佛傷了，或者一拳打在佛的腦袋上，這是非常大的罪，生生世世都報不完，對不對啊？有人還在解釋：「那是因為不知道啊，老師！我不知道那是佛！」如果你知道那是佛，還敢打祂嗎？其實，說不定一個撿垃圾的就是佛，你見到就兩腳，讓祂滾一邊去，把祂打出了血，這就是出佛身血，這樣你生生世世都報不完。

「一闡提」是什麼意思？即是不信有正法的人、不信有佛法的人。

現實中就有這種人，不信有神，不信有正法，堅決不信、而且誹謗佛法，總覺得都是胡扯，這些就是下根之人。根性那麼差，怎麼跟他們講，他們都不相信有佛法。

對於以上這幾種人，菩薩問佛：「當斷善根佛性否？」這些人是不是永遠修不成佛？佛的回答是，【佛言：「善根有二：一者常；二者無常。」】剛才菩薩所問「當斷善根佛性否？」這個問題，將善根與佛性混為一談了。菩薩認為，善根即佛性，佛性即善根。佛於是就回答，善根和佛性是兩回事，別混淆了。

善根有「常與無常」。什麼是「常與無常」？「常」是延續不間斷，「無常」就是間斷。所謂的善根，分為常與無常，也就是有和沒有。「有」就叫做「常」，永遠都在就叫「常」。菩薩的意思是說，佛一定是善根，佛的善根一定是永不間斷的，最善的人就是佛。而佛說，既然叫善根，就有常與無常，就是善與不善，說善的時候就必有不善，說有延續就有不延續，因此善根有「常與無常」。

【「佛性非常非無常，是故不斷，名為不二。」】而佛性又是什麼呢？「非常非無常」。你不能說佛性是延續不斷的，有的時候還是有可能斷一下的。佛性既不是延續不斷，又不是總是會斷，這都不是佛性。佛性是非常非無常，說不斷也不對，說斷也不對。說不斷，一定有一個斷跟它相對應，那就不是佛性。佛性本身，不增不減、不垢不淨、不生不滅，還沒生，怎麼斷呢？如果說常、不斷，必須有一個

物理空間，而且有延續不斷的時間。你得在一個物理空間下，才有一個斷與不斷，而佛性本身所在，是心所在的地方，都沒有空間，哪還有斷與不斷呢？

把善根與佛性混淆了，就會將佛性分開，還是在分別的看待佛性。所以說「佛性非常非無常，是故不斷，名為不二。」也就是「一」的狀態，不分別。【「一者善；二者不善。」】當有一個善的概念時，就會有一個不善與之對應。【「佛性非善非不善，是名不二。」】佛性，你不要跟我說善，這裏說的「善」就是所謂好的、仁義禮智信等等，這方面的意思。有善，有仁義禮智信，是不是同時就有非仁義禮智信，就叫不善，這不是佛性，這是對立性。「佛性非善非不善」，佛性不能用善來表達，也不能用不善來表達。善就是太極圖當中的白，不善就是太極圖當中的黑，佛性非善非不善，在太極的哪裏啊？是不是就是在居中之點呢？一半在白，一半在黑；或是整個太極承載著所有的白，同時承載著所有的黑，這就叫「佛性非善非不善，是名不二」。

真正的佛性是什麼？一定承載著一切的善，也承載著一切的不善。善即是完美，不善即不完美，因此就是佛性既承載著一切的完美，又承載著一切的不完美。承載著誰的完美不完美？我自己的。外面跟我自己沒關係，自己能承載自己一切的完美與一切的不完美嗎？這就是修的過程。

你是怎麼形成的，你為何認為一個事物是不完美呢？那是你認為，

因為受到的教化讓你認為，當人家不知道的時候拿人家東西，這就是偷，這個行為不好，從小到大，父母兄弟姐妹，包括這個社會，還有老師就告訴我們，這是不好的行為。小時候要是偷東西被發現了，爸爸就會一頓打，「你小子敢偷，長大你會變成什麼人啊！」結果，孩子長大以後偷國、竊國，說那叫革命。他爸爸這時高興的鼓掌，你看我教育得多好，把舊世界推翻，成為了國家領袖！

這兩者是不是一個概念啊！偷小東西的叫賊？偷國的人呢？竊國者叫什麼？就成王了！大家全都讚賞。能理解這是什麼邏輯嗎？再說怎麼看待殺人呢？殺一個人者，槍斃；殺無數的人，就是英雄、歷史大英雄。哪個歷史英雄不是殺人無數？有人疑惑：「老師，那些人是該殺，所以才殺。」你放下吧！什麼人是該殺的？什麼人是不該殺的呀？只是看話語權在誰那兒而已。竊國者一切都是好的，這就是所謂成者英雄敗者寇，就是這麼回事。

這些都不是佛理，都不是佛法，都是分別法，都是二。佛法是不二之法。在佛法上不可以說善與不善，佛法是非善非不善。所以我前面在講的，好多人肯定接受不了，因為沒有任何一個講經說法的老師會這麼講。其他所有的講經說法都是勸善，沒有這麼來講善與不善的。但是已經告訴你了，一味勸善的就是魔，就是這麼回事。我在這裏就要向大家呈現正法，宣揚真正的佛法。看《六祖壇經》中寫得清清楚楚，佛法是什麼？佛性是非善非不善，這才是不二。

　　前面，六祖惠能對印宗講佛法為什麼是不二之法，把《涅盤經》上的佛理作了講解。高貴德王菩薩問佛，犯四重禁、四種最重的戒律，作五逆罪又不信正法的人，是不是就成不了佛，就斷了善根佛性？六祖惠能也用《涅盤經》上的經典語句給他講解。其實，善根與佛性是兩回事。雖然說你犯再大的罪，那也僅僅是烏雲遮蔽，而佛性本體是不變的。你只是因業障深重，而見不到佛性，但是佛性沒有變。佛性本身不存在生滅和增減，不存在於時空與時間之間，這是兩回事，兩個概念。

　　然後又講佛法是不二之法，要放下分別。【「蘊之與界，凡夫見二，智者了達其性無二，無二之性，即是佛性。」】「蘊之與界」，講的就是人和宇宙的關係真相，人怎麼認識宇宙，宇宙的構成是什麼樣的。「凡夫見二」即凡夫有分別，覺得人就是人，宇宙就是宇宙。

　　「蘊」是指五蘊，即色蘊、受蘊、想蘊、行蘊、識蘊，色受想行識。佛法講，我們的人身是由五蘊構成的。「色」就是山河大地日月星辰，所謂的物質世界。色就是有空間，有質量、有阻礙、占據空間。色就是物質，佛法說色即是空，空即是色。意思是，你看著好像是有質量、有阻礙，實際上是空的。「色即是空，空即是色」，這和量子物理學告訴我們的一樣，世間的所有物質其實都是空的，是不存在的，只是

我們以為它存在。三千大千世界都是由微塵構成，三千大千世界又碎如微塵，又可以回到微塵的狀態。微塵的特性本身就是空，這就是佛法講的世界的構成，三千大千世界是由微塵構成。佛法說的微塵，其實就是量子物理學講的量子，即上帝粒子，最基本的粒子，是完全一樣的，只是佛法不叫粒子，叫微塵。

什麼是三千大千世界？每一個世界，就是我們看到的每一個宇宙，一千個宇宙叫一個中千世界，一千個中千世界叫一個大千世界，有三千個大千世界就叫三千大千世界，包含著多少宇宙空間啊！我們現在看到的只是一個宇宙空間，所謂的三千大千世界，想像都無法想像。佛法又說，一微塵中含三千大千世界，一個小微塵，也就是一個量子，裏面就含三千大千世界。我們都已經覺得量子已經是最小的，也即一微塵。但一微塵中又含三千大千世界，那三千大千世界裏又含有多少微塵呢？這其中的每一個微塵又含三千大千世界……

以人的想像力，已經沒法想像。但是，佛法對整個宇宙的結構的表述和現代量子物理學的實驗驗證是完全一樣的。比微塵界還小的叫極微塵，七個極微塵形成一個微塵。這很像原子，中間一個原子核，外面有電子繞著原子核旋轉，就形成一個原子。如果我們把這個原子叫做量子的話，它就還有核，核外面還有電子在旋轉，非常的像，佛法微塵跟現代量子物理學中的量子非常的像。現代量子物理學從方方面面都在驗證著佛法對宇宙的結構、對人體的看法，而且完全都在驗證。

而極微塵我們現在根本就看不見，佛眼能感受到，能看到微塵，但是極微塵也看不見，它的狀態、特性就是波。而極微塵作為波，相疊相加變成微塵，微塵形成陰陽兩種特性，就是量子物理學說的，構成宇宙萬事萬物的最基本的、最小的單位量子。極微塵就是波，微塵就是量子，即粒子的最基本單位，因此佛法跟量子物理學完全一致。現在量子物理學已經驗證得出一個結論，宇宙萬物都存在波的狀態，其實就是極微塵的狀態，就是能量的一種波動狀態。整個世界，我們眼見的所有的萬事萬物，所有的物質都是由能量的波動而來的，最基本的根都是從此而來，即整個世界全是波，這就是波粒二象性。波即是空，在任何空間都看不見、摸不到，但同時又盡虛空遍法界，這完全都能與佛法相符。

　　宇宙由「色受想行識」這五蘊構成，只有一個「色」是外界的物質，物質世界統稱為色。「受想行識」這四蘊都是我們的心理，都是我們精神領域的活動、心理活動。所以，佛法告訴我們，整個宇宙、整個世界到底是怎麼構成的呢？以我為中心，感知所謂的物質世界，就構成我的宇宙。「受想行識」這四蘊都是用來感知、應對、判別所謂的色蘊，然後才形成一個所謂的我。這個我是怎麼來的？是感受而來的。感受什麼呢？感受相對於我之外的物質，即色蘊。

　　我對色，對所謂的萬物有一種感受，叫領納。我看到它，是有感受的，這個感受就叫「受」蘊。對於色的感受，分三類，一類叫樂，

一類叫苦，一類叫不苦不樂。即我們有三類感受：看見一個東西，我就非常喜歡特別愛，特別喜歡，這叫樂；有的東西看到噁心、討厭，這叫苦；有的東西看見了，但不起心，不喜歡也不噁心、不討厭，這叫不苦不樂。「受識」基本就是這三類。我與外境、外物產生的領納，我接收到它的訊息後，內心是有情緒的，是有情感變動的，這就是受識。因為有了這個感受，才證明有個我在，是「我」有感受，感受我和物之間的不同，因此才有個「我」在。

我有「想」這個功能，想是什麼？比如色蘊，我必須眼睛見到才叫色。眼睛沒見到的呢？比如，我身後的牆存在嗎？或者後面有扇窗戶、或還有什麼其他的我不知道。所有我看見的叫色，但是身後應該有道牆，或者有扇窗，心中就有了一個象，但是我並沒看見，這個就叫「想」。比如，我父母在哪裏呢？他們在做什麼呢？我老婆在做什麼呢？這個時候並沒看見，此時就有想的功能。一想，我父母在家裏，我老婆在看電視，這就是想。

我們有「受」的功能，我們有「想」的功能，而「行」是我們有行動意志。比如說我看這個菜真好，餓了就去吃，想做事我就去做，這就是行動意志，行就是這樣的功能。有受、有想、有行，證明有我在。

還有個「識」，識是分別、判斷。五蘊當中，色、受、想、行、識，我要判別整個宇宙，能看出差別。這個差別本身就是分別心，由於有分別，我就能看出差別，所以才能體現出我的存在。

宇宙中，我是怎麼存在的，佛法告訴我們，是以我的感受為中心，是以我的「受想行識」這四蘊為中心，再加上「色」，即外境，構成我的整個宇宙世界，就是說我的世界是由五蘊構成的。

色界最基本的構成元素叫四大：地、水、火、風。這是四大基本的元素，構成了萬物。這四大再往下看它們的特性，就細分成兩大類最基本的元素，一陰一陽，也就是極微塵。極微塵就有兩大特性：一陰一陽。微塵有四大特性：地、水、火、風。四大構成了色界、色蘊。這些佛法和現代量子物理學完全能夠一一對應。

古時候沒有顯微鏡，沒有儀器拿來看最精微的世界，但是佛眼就能看透，就能看到。比如，佛說一杯水裏有八萬四千個生命。大家可能不理解，我們看水清澈透明，什麼都沒有，但是佛眼一看這裏面有八萬四千生命。現代顯微鏡出現後，我們再觀察每一滴水裏面，都有各種各樣的菌、各種生命體，佛法和現代科學也完全都能一一的對應。

宇宙到底是什麼，怎麼構成的？其實佛已經說得清清楚楚，道也說得清清楚楚，佛法道法說得一樣。包括儒學對宇宙的構成解釋，完全都是一致的，只是他們用的術語不同而已。這就是五蘊，我和我的世界是怎麼來的，就是由五蘊和合而成，是五蘊聚合的結果，形成我和我的世界，這是最基本的佛學的理論，對宇宙世界看法的基礎理論，是以人為中心，人在哪兒，宇宙中心就在哪兒。

以前有一種質疑認為，既然佛法這麼厲害，那怎麼能說地球是宇

宙的中心呢？怎麼能說天圓地方，怎麼都不知道地球是圓的呢？這其實要看怎麼理解，佛法所說天圓地方，不是說地球的形狀是方的，這麼說其實根本就不理解，這裡說的並不是地球的形狀。而地球中心論是什麼意思呢？宗教的地球中心論和現在的物理學以太陽為中心論，是完全兩個概念。物理學說的太陽中心論，認為地球圍繞著太陽轉。然而誰是真正的中心呢？對太陽系來講，太陽是中心，怎麼也不可能是以地球為中心。所以這種說法根本就不理解，宗教的中心論是指以人為中心，整個宇宙是以我為中心的。

有人疑問：「老師，宇宙怎麼可能以我為中心呢？」那什麼是宇宙啊？這個宇宙是真實的存在嗎？是客觀的存在嗎？哪有一個所謂的中心呢？真正的宇宙，是以我的受想行識為基準，然後建立的所謂的宇宙觀。我在哪兒，就以我為基準，去感知這個宇宙，想像這個宇宙，對它有所行動，來判別這個宇宙，都是以我為中心，我的感知感覺、思維行動和判別，都從我這兒發出來的。外境叫色界，色界是廣大無垠的，哪兒是中心，無窮無盡沒有中心。要想找個客觀的物理中心，是不可能的。

現在的科學再發展、再發達，也不可能找到所謂的宇宙空間的中心。最後只能找到，太陽系是以太陽為中心，銀河系是以銀河的漩渦中間為中心。地球、太陽系是在銀河系邊緣，地球不是太陽系的中心，更不是銀河系的中心，所以它絕不可能是宇宙的中心，這就是現代物

理學的觀念，基準不同。

　　未來的物理學一定會向佛學的方向去發展，一定得認同這個思路。什麼叫宇宙？宇宙根本不是客觀存在，而是我能感知到的，這叫受；我能想像到的，這叫想；我能行動觸及的，這叫行；我能判別，我能分別的，這叫識。

　　受想行識以誰為中心？從哪裏發出的受想行識，整個宇宙的訊息又回到哪兒？這才是中心。所以說，每一個人的宇宙，都是以每個人自己為中心。宇宙的中心，這是個概念，就是宗教意義上的地球中心論，因為我們人都在地球上。其實是叫人本，即以人為本的中心論。人在哪兒，哪兒就是中心。

　　佛祖生下來的時候腳踏蓮花，說了一句話：「天上地下，唯我獨尊。」一句話，就把整個宇宙的構造說出來了，整個佛法就全都在這一句話中。天上地下，唯我獨尊，是什麼意思呢？就是一切都是由我而產生的。這是不是就是一切唯心所造。由我來造色界，整個色界我是第一個觀察者。我出生、出現以後，一觀察，整個宇宙就全都出來了，色就出來了。一觀察就從極微塵，啪的一下形成粒子狀態。極微塵、波的狀態崩塌，粒子狀態出現，微塵出現，微塵一出現三千大千世界一下同時出現。這都是我觀察來的，同時我又感受著我造的三千大千世界，我又想像著，我又行動著，我又判別著，這就叫「唯識所現」。我造的世界我去感知，就叫「受想行識」。所以，天上地下，

唯我獨尊，意思是我沒了，觀察者沒了，所有的一切、萬事萬物一下又回歸波的狀態、極微塵的狀態，盡虛空遍法界，就是這個狀態。

有人實在想像不出來：「老師，我沒了，太陽不是還存在嗎？」錯了，是我的世界中的太陽不存在，存在的則是你和他的世界中的太陽。這個太陽到底是怎麼存在的？其實是由我們這麼多人共同形成的共業，形成這麼一個太陽。如果所有的人全都沒了呢，太陽還存在嗎？當然就不存在了，它是共業聚合而成的。有人反對說：「竟然說是共業聚合而成！人沒了，太陽就不存在嗎？這怎麼可能？太陽是一個客觀存在！」所以還是你覺得是個客觀存在。

真正要走聖人之路，一定要逆向思維。所有凡人覺得是這麼回事，你就一定得反著來想。又有人問：「老師，那你死，太陽還在，但是我死，對太陽有沒有影響？」有影響。太陽是我們七十多億億人類眼中看到的太陽，與蛇看到的太陽不是一個狀態，與螞蟻看到的太陽也不是一個狀態，只有人看到的是太陽這個狀態。太陽是由我們所有的人類共業造的。但是，這個太陽在哪兒呢？不是說現實中真有個太陽，都在我們的心中。我們造了這麼一個東西，太陽也都是由微塵和合而成，然後我去感受它，去想像它，我去行動，甚至能登到太陽上感受它的熱量，判別它，太陽真熱、真光明呀！這都是我們心裏的活動。

人類因為有共同的構造，所以有相似的感受、相似的想、相似的行、相似的識。但是，精神病就不一樣，中樞神經一旦受傷，再看太

陽就不是原來看的太陽了，就有可能是黑黑的一大塊，或者就是個大魔鬼站在那兒，因為他跟我們的受想行識完全就不一樣。我們所謂的正常人看到的太陽是相似的，但絕不相同。每個人看見這個太陽，看見的是他的世界中的太陽，相似絕不相同，對太陽的感受也絕不相同。我們想像一下，一個太陽，每個人想像的絕不相同。我們行動的時候，站在陽光下，有的人就覺得特別熱，有的人就覺得很溫暖，有的人就覺得怎麼這麼冷啊，感受完全不一樣，對太陽的判別和認識不同，即行和識不同。

這個宇宙、這個世界是怎麼回事，怎麼來的？波粒二象性，既有波的一面，同時又有粒子成形的一面，是聚合而來，由外境和我們的受想行識一下聚合而來，從而有了我，有了我的世界。這就是佛法告訴我們的，整個世界包括我，都是聚合而來的，都是假相。

聚合而來，聚在一起就是有，一分散是不是就什麼都沒有了？還有疑問：「老師，怎麼能沒有呢？太陽不就在這兒嗎？」其實，就像我們進入一片沙海、沙漠，全是沙子。沙子經過風吹日曬也會形成各種形狀，有沙堆、沙丘、沙柱、沙洞等各種形狀的沙子。這些形狀的沙子本身有意義嗎？是不是就是沙子聚合而來。由於風的力量，把沙子吹出一個大洞來，或者由於風的力量吹出一個像樹、或像樓的樣子，有的沙就像一個沙丘、有的像深谷，各種各樣沙漠裏的沙子形狀，本身沒有意義，是不是就只是沙子？

但是，如何它才有意義呢？僅僅是沙柱、沙丘、沙洞，有意義嗎？沒有任何意義。什麼時候才有意義呢？才有活力，才有價值呢？當有一個人走進這個沙漠中，說這麼高的沙柱可以當做地標啊，我以後在附近走的時候，我就不盲目了，有定位目標了。離遠一看，我家在哪裏呀？一看那個高高的沙柱，這是我的地標啊，因此這個沙柱才有它的意義。再看風吹沙子形成的深洞，我晚上可以在這兒遮風避雨啊，這是作為我的家啊，因此這個沙洞才有意義。再看沙丘，在落日下，有微風來的時候，開始變得涼快，我可以躺在沙丘上看著夕陽享受著景色，沙丘是不是因此也有意義了。

因為有人來了，這片沙漠才叫世界，才叫宇宙。因為人對它有了感受，對它有了想像，對它有了行動，對它有了識別、判別，這一片沙漠的世界才活起來。但是它的本質就是沙，本來就什麼意義都沒有，如果沒有人出現，它也就是沙，沒有任何意義。只有人的「受想行識」加進去以後，給這個「色」命名，給它附加意義，它才活了，這個人就是一個觀察者。否則的話，這個沙漠各種各樣形狀的只是沙子，相當於波的狀態。人一進來，觀察者一來，啪的一下，這個世界就活了，一下就有意義了。所有的意義都是人的「受想行識」感知而來，在人的想像當中才有意義。

想，把沙柱作為一個地標，我如果在很遠的地方找不到回來的路時，我看到它就能找回來，這是想的過程。行，在這個沙子裏面有一

個大洞，這個地方可以作為我的家，但是風太大會直接灌進來，我不能好好睡覺，我在這個洞口裝個門，這就是行動意志。沒有木頭怎麼辦？我就拿沙子硬化之後弄個門，這就是行動意志。

識，就是分別、判別，這個可以做什麼，那個可以做什麼，這個有什麼意義，那個有什麼意義。這就是分別、判別，我們的世界就這麼出現了。世界本身是中性的，色即是空，就是沙子，本來沒有什麼，所有的東西和意義，都是人的感受、人的賦予。

你的世界，每個人的世界，都像到這個沙漠裏來的狀態，每個人的世界都一樣，是由沙子構成。然而，有的人就覺得這個世界太美妙、太好了，老天太眷顧我，到了這個美好世界，又給我準備標誌性建築，又給我準備了沙洞能安身，又有一小塊綠洲，讓我有水喝，又有一塊沙丘可以躺著看夕陽，簡直太美了！這個世界真是蓮花世界！這是不是一種感受啊？但是，另一個人走進同樣的這片沙漠後，看著這些形狀的沙子。怎麼這麼陰森、恐怖，你看看這高高的柱子萬一塌下來怎麼辦，可能會砸死我。這個洞好可怕，裏面黑黑的、陰冷的。前一個人看見這個洞覺得是陰涼，能給我遮蔽陽光，遮風擋雨；後一個人一看裏面黑黑的、陰冷的，就覺得太可怕了，是有妖魔鬼怪的地方啊。

所以，同樣的世界並沒有任何變化，在我們所有人的眼中，色境、色相就是沙子自然形成的各種形狀，感受則是由我們自己而來。看這些沙子的角度不同，感官不同，感受就不同。一個沙柱，從這個角度

看，這個就是我們的標誌性建築，它對我是有意義的，這個真好！另一個人，從另一個角度看，這太可怕了，要是被風吹倒，就會砸死我。從這個角度來看沙柱的時候，看到的就是悲觀的。沙柱本身是中性的，沒有任何意義。苦也好，樂也好，不苦不樂也好，所有的意義、所有的感受都是我們從不同的角度附加給它的。

所以，我們現在生活在這個世界上，不要以為是這個世界給我痛苦，這個世界給我開心快樂，這個世界對我無情，這個世界讓我幸福。錯了，不是世界給的，世界就在這兒沒有不同，每一個人看到的世界本身是完全一樣的。而所有的痛苦也好，快樂也好，不痛苦不快樂也好，都是我們賦予給這個世界的，而不是世界強加給我們的。

這方面我們一定要理解清楚，這樣就知道生活在這個宇宙、這個世界當中，只有我對我的感受負責。世界外面的任何人、事、物都不會導致我的苦、樂和不苦不樂。沙堆、沙柱等各種形狀就在那裏，我從哪個角度去看它，怎麼感受它，怎麼想像它，怎麼針對它有行為，怎麼判斷、判別它，都是從我的心中發出來的，都是我自己的事。所以說世界因我而存在，而不是世界創造了我。

如果世界創造了我，宇宙創造了我，而我僅僅是宇宙進化的一部分，一個小插曲的話，我只能受制於這個宇宙，受制於這個世界，我就沒有改變的力量，我也沒有改變的方法，因為是它創造我，它是我的本源。但是如果世界是因我的感受而存在，如果沒有我，它沒有任

何意義，那就不一樣了！我就可以透過改變我的感受、我的「受想行識」四蘊，也就是調整我自己的內心，就能改變世界，就能改變宇宙。

有人問：「老師，怎麼改變啊？」其實什麼都沒改變，只是我的心一變，受想行識一變，看這個色界、色蘊的角度就變了。沙柱還是沙柱，換一個角度看，它肯定倒不下來，就算倒下來也不可能壓到我，可以當標誌性的建築啊，觀念一變，立刻感受和想法等所有就變了。當感受不一樣時，想法就不一樣，行動就不一樣，識的判別就會不一樣。當我的感受是它可千萬別倒下來砸死我時，這個感受真不好，這個時候你會立刻連接你自己的想像，想像它真的倒下來了，然後把你砸得血肉模糊。這只是想像吧，對不對？

然後「行」又會怎麼樣呢？在平時行動的時候，就得遠離它。風往這邊吹，我就跑到那邊，千萬別壓著我。我心中不還是那個被壓死的想像嗎，痛苦的想像被砸的血肉模糊。所以行的時候就會避開，它倒下來就不能壓到我身上了，行是不是就受影響。

判別判斷的時候也會受影響，這個東西不是好東西，天天都得防著它，哪天我得把它推倒。受想行識這四蘊，就決定我們對色蘊有相應。色蘊其實不會變，人人看到的都是一樣的，但是受想行識不同，跟色蘊的相應狀態就不同，就會引起我內心不同的喜怒哀樂恐，也就引起我們的各種情緒，特別痛苦、悲傷、幸福、開心，其實都是自己發出來的。

所以，我們透過五蘊就能瞭解宇宙是怎麼構成的。以前在講這個的時候，怎麼都理解不了宇宙是因我而生的，我怎麼能生出宇宙呢？現在可以理解了，宇宙本來就在那兒，不是我憑空創造這個宇宙，而是我賦予這個本來就在的宇宙以意義。所謂我創造了我的宇宙，是這個意思。沙柱還是沙柱，沙丘還是沙丘，沙坑還是沙坑，不是我創造了沙柱，我創造了沙坑，我創造了什麼……而是我給它們賦予意義，這才叫因我而生，這一片沙漠因我的存在而有意義。當我離開這兒，這片沙漠就是一片沙子，就沒有意義了。

　　等你到了另一個地方，比如一片綠洲，就發現你又去給那兒賦予意義。所以你的生命中，你就是觀察者，你從沙漠的這個點度過一生，最後消失了。所謂消失了，不是說沙漠都消失，沙柱、沙坑、沙丘都消失了。而是你消失了，你的宇宙就沒有了，然後你又生在另一個地方，你又從另一片綠洲出現。你又給另一片綠洲賦予意義，綠洲又是你的宇宙，又是你的色受想行識五蘊的聚合。又有了你，有了你的宇宙。

　　都是一種賦予意義和感知感受，當我們知道這個以後，我們的命運能不能調整呢？我們的苦和樂能不能調整？我是痛苦還是開心快樂，是誰決定的呢，不都是我自己決定的嗎？不要向外面去找任何客觀的理由，不是外面給你造成痛苦，而是你看問題的角度。凡是特別痛苦、特別煎熬的人，看問題一定是負面的，一定是習慣於從負面角度看問題。任何一個事說出來，首先想到的是不好的一面。但任何事

都有陰陽兩面，既有正面意義，又有負面意義。任何人事物都是由正反兩面組成的，關鍵是你看到哪一面。

天天看負面，當然天天痛苦，看到的世界就是黑暗的。因為這個世界本身就是由光明和黑暗組成的，就是由美和醜組成的，由善和惡組成的，由黑和白組成的，由對和錯組成的，由應該、不應該組成的。本來這個世界就是二元的世界，關鍵是你看到哪一面。看到正面的，那你看什麼都是積極的、都是樂觀的，這叫天人。看到負面的，那你看什麼都是悲觀的、消極的，這叫地獄眾生。一邊是天人，一邊是地獄眾生，這是兩個極端。凡人的狀態是有時看的是積極的、光明的，有時看的就是消極的、黑暗的，所以時而開心，時而痛苦。

賺了五百萬很開心，後來因為這五百萬引來盜賊謀殺他，五百萬被人搶走了，這痛苦的。事情就這一件，然而賺五百萬所以開心，被人謀財害命所以痛苦，這就是心隨境轉，就叫凡人。

天人和地獄眾生是極端的現象，在現實中不多。什麼樣的人多呢？凡人最多。修行人、聖人又是什麼樣呢？聖人是跳出來看任何一件事，任何一個人，任何一個物。所以聖人一眼看到都是全體，既看到好的一面，又看到所謂不好的一面。所以，聖人不以物喜，不以己悲。即要喜的時候，發現有不好的跟著，要悲的時候，發現還有好的在跟著，這叫聖人的視角。聖人看即是一個太極，既能看見白的一面，又能看到黑的一面，這個狀態就叫合二為一，就是一的狀態，能合一的時候

就能看清事物的兩面，事物的兩面就叫二。天人合一，也都是一，一的狀態就是聖人的狀態。

我們修行就修聖人的狀態，聖人看任何人事物的時候，一定都是兩面的，這樣才是最客觀、最完整的。比如，自己被誣告入監獄，剛要悲憤的時候，突然一下看到事物的另一面，入監獄就一定是不好嗎？眾所周知，曼德拉蹲了大半輩子監獄，如果沒有那大半輩子監獄的經歷，後來能成為總統嗎？能成為黑人領袖嗎？不可能。希特勒如果不入監獄，能寫出《我的奮鬥》嗎？他的思想能昇華、能自成體系嗎？也不可能。不管他是什麼體系，一本監獄裡寫的《我的奮鬥》，把所有的德國人都煽動起來了。任何事都有積極的一面，那我就進去蹲著吧，因為我看到事物的兩面了。

有人理解不了，難道直接就進監獄了，也不打官司？難道聖人就不和人打官司嗎？這就還是理解不了聖人的視角。我所說的意思是，任何事物都有兩面性，聖人會自如的應對每一件事。所以我就進去吧，結果關進監獄，有一個獄友，以前是高級官員，現在是暫時隱忍入獄，而且是你想見都見不著的人，現在關到了一起。這幾年是獄友，後來兩人都出獄之後，他迅速就助你飛黃騰達了。歷史上有很多類似的事件，我只是舉個例子。

有人想法極端：「老師，是不是大家都要主動進監獄啊？」你故意強求的進監獄基本上難得遇到貴人，搞不好還遇到惡人把你整死了。

所以，事情不是那麼去想的。我所說的意思是：「聖人的視角是看任何問題的時候，都具備兩面性，一下就能看到事物的兩面，這樣最客觀、最完整，所以叫聖人。所以聖人就能做到不以物喜，不以己悲。聖人的心就是一真一切真，萬境自如如。能看透事物的本質，能看到事物的多面，知道世間的一切都是我自己賦予的。」這句話你要清楚明白，你的人生你就能掌控。何謂我賦予的？即我在哪兒都得是以我為尊，整個宇宙都得以我為尊。無論住在豪華別墅裏，還是在監獄裏；不管是在集中營裏，還是在戰場上，整個宇宙都是以我為尊，都是以我的受想行識為標準。

在戰場上，所有人都恐懼，但是我要賦予它：恐懼是本能的、自然的，但我知道我的世界是由我來掌控的，一切的意義都是我賦予的，我賦予什麼，我的世界就會給我反饋什麼。就像我們看那個沙柱一樣，我在戰場上子彈橫飛，非常恐懼，這是人自身的一種本能的恐懼呈現，就像那個沙柱，本來也完全有可能被風吹倒砸死我，的確是有存在的可能性的。如果我只是生活在這種恐懼的本能中，每天就會謹小慎微、戰戰兢兢、特別痛苦，甚至生不如死。但是，我知道我的世界、我的宇宙，真正的意義都是我賦予的，我就可以戰勝我的恐懼，賦予它一個正向的意義，有可能吧？我可以硬性賦予它一個正向的意義，它就是我的標誌性建築，還可以賦予它更多，高高的立在那兒，陰影能遮蔽炎熱的陽光，這都是我賦予它的積極意義。

我們人生在世一定要學會賦予積極的意義，不是說我就完全不怕了，適度的恐懼和緊張是要有的，這也是一種自我保護。但是我們不可以深深的陷在恐懼和緊張中，那人生就沒有意義了。恐懼和緊張，任何事物都有這一面，一個大沙柱真就有萬一倒了，有可能砸死我，這是太極圖中黑的一面，那我就是要面對它，我知道它的存在，但是我不能過度，過度以後太極圖不就全都是黑了！你的人生就是因為這麼一個柱子，僅是一個有可能的、想像中的災難，人生就此全都黑暗了。天天怕沙柱倒下來砸死我，住在山洞裏也都不安，萬一沙柱塌了把洞也埋了呢？越想就越恐怖，深陷在恐怖中，你人生的太極就是黑暗的，全是黑沒有白，你就感覺生不如死。

但是，我知道只是有這個可能性的存在，而且概率很小，但是我可以賦予積極的意義。我可以適度的防備，但防備的同時又在感受和享受它的積極意義，比如它可以是我的標誌性建築，也可以給我遮蔽炙熱的陽光。懂得享受積極的意義，這才叫人生。

透過五蘊，佛法告訴我們世界是怎麼形成的，以及我和世界的關係。我們要清楚我如何生活在這個世界上，如何掌控我的命運。知道世界的真諦和真相之後，怎麼運用「色受想行識」這五蘊，讓我的人生更加具備意義，既有光明又有黑暗，既有開心又有痛苦。掌握如何運用五蘊後，當我過分痛苦的時候，不斷的賦予積極的意義，然後再去接受、感受它。

當我已經賦予它意義了，判別、判定積極不積極，這叫識；然後我有想、有行，我就改變了我的受。於是我的感受、情感、情緒就會受影響，就會改變。比如離婚，老公離我而去，跟第三者小狐狸跑了。氣死我了，最受不了的是那個小狐狸居然是我從小到大的閨蜜，勾引我老公，恨得不行了！現實中發生的任何一件事情都是這個沙柱，當你想的全都是負面的時候，你的世界就是陰暗的，就是灰暗的。感覺我的人生完了，老公跟人跑了，以後怎麼辦，我現在也沒有正式的工作，老公不養我，我的生活都沒有來源……全部都是負面的。最後越想越感覺我活不了啦，我要自殺！多少人就此自殺，生命就此結束了。

當我們知道這個理，知道宇宙的真諦以後，我們就會站在聖人的角度來看一個問題，知道任何事物都是兩面的。老公跟閨蜜跑了、離婚了，這件事有沒有正面積極的意義呢？有人很納悶：「老師，老公跟閨蜜跑了，生活都沒有著落了，還能有什麼正面、積極的意義呢？」現實中，難道所有老公跟別人跑了的女人，最後都生存不了嗎？全都自殺嗎？真的沒有正面積極的意義嗎？老公跑了，同時是不是女人也就自由了？是不是又可以重新選擇了？這是不是一種積極的意義？你怎麼能肯定以後就找不著更好的呢？說：「老師，肯定不行了，我都快四十歲了，人老珠黃，沒人要了。」你自己看看，是否全是你賦予自己生命的意義。

記住，生命的意義都是我們賦予的，不是世界本身就這樣，而是

你認為世界是什麼樣，你的世界就是什麼樣。你認同什麼，你的世界就是什麼，如果你堅定的認同「我快四十了，人老珠黃，沒人要我，好的男人不會要我。」你真就沒人要了。快四十了就沒人要，世界本身不是這樣，這也不是標準的規律。而只是因為你認同這樣，所以你的世界就呈現。

有沒有人四十歲，有特別成熟的美，特別知性的美啊。四十歲和十八歲是有區別的，但並不是四十歲的就和二十歲的比臉，那你天天做美容也比不過，那是天然人生的規律，你畢竟多曬了二十年。但是，二十年來你多了一種知性、通達、成熟的美，難道不吸引男人嗎？這可能更吸引男人，當然有就是喜歡知性、成熟女性的男人了。但是要看你認同什麼，如果你就是認同比臉，自身的優勢就看不見。

當你給自己的世界定義的就是全完了，人老珠黃沒人要了，這就是你賦予自己生命的意義，你頑固的只是負面的認定自己：「人老珠黃，啥也不是，沒有人要。」識確定下來，你的世界就賦予了這個意義然後你的想蘊、行蘊就按照這個意義。來了，想像當中全都是灰暗的，自己孤身一人到老也沒有人理，整個世界特別的陰暗、灰暗，自己一個人特別孤獨，這就是想蘊。進而是行蘊，現實中你也不可能往光明積極的人群當中去，你會一點一點的往心中的那個世界走去，往黑的、暗的、沒人理的地方去了。然後你的感受，即受蘊就是苦，接收到的都是苦的訊息。

其實，色蘊本身、現實世界沒有任何變化，就像各種形狀的沙子，自然形成的形狀對每個人都是一樣的，客觀的世界、色界，不會對人有任何影響，色僅僅是在那兒，僅僅是存在。所有的受想行識，自己的感受和意義都是人賦予的。

可不可以是這樣的感受，老公跑了，悲傷兩天，之後我想，我就不信找不到比他更好的。然後參加各種聚會、積極的活動，突然碰到一個 CEO，老婆去世了，一眼就對上了，半年以後兩人結婚生子。這時再一看，現在的老公可比前面的好百倍，現在可算知道人才和人渣的區別了。多虧之前那小子跟我閨蜜跑了，否則我怎麼可能遇到現在的老公，我真是幸運、幸福啊！人生就此徹底改變。其實，就是老公跟閨蜜跑了這一個事件，本身是中性的，就是沙漠中的一個沙柱。關鍵是你怎麼定義它，怎麼賦予它。

有人又極端的說：「老師，這樣的話大家都離了吧，重新再找。」那樣的話，到時候你可能就真找不著了，然後就真的孤獨終老了，再也找不到比原來老公更好的了。因為你不能有意識的去說和做這些事情。在此，我給大家講的是一個理，任何的樂、苦都是我們賦予的，我們對任何事物，都要看到真實完整的色界，也就是人事物的兩面。色界本身都是中性的，所有的意義，任何事件的意義，都是我賦予的，我賦予它什麼意義，它就是什麼意義。

完全可以老公一跟閨蜜跑了，我想都不想，馬上就往好的方向賦

予，心情瞬間就好了。有人會問：「什麼意思啊，老師？我還怎麼賦予啊，我天天不停的哭啊哭！」但是，你現在看到了這段內容，發現老公不能決定你的命運。不管他是跟你在一起，還是跟別人跑了，我的命運一定是我決定的。首先要先認同這一點，他的命運是他自己決定的，他覺得跟我的閨蜜比跟我在一起舒服，就想離開我，那是他的決定。而我掌控我的人生，我生命的意義是我決定的。

現實中一旦碰到這種悲慘的事情，馬上賦予積極的意義，屏蔽掉負面的意義，天天想像著，我這麼知性、這麼成熟，喜歡我的人太多了！有了這個想像，一下陽光就出來了，一個知性成熟的女性就出現了，然後就會在這種感受的選擇判斷下開始行動。

首先是識蘊，然後在行動上我自信了，我現在解脫了，沒人管束了，12點不回家誰還管呢！以前敢嗎？下班二十分鐘不回家，老公電話就來了，得趕快乖乖回家。做飯伺候他，哪有時間活動外交。現在他自己跑了，各種場合我都可以參加，能接觸各種人，這就是行蘊。

想蘊，想像這個人就已經出現在某個場景當中，隨後感受接觸的人多了，就碰到場景中知心的人了，這種感受、受蘊是不是就很快樂！我的世界「色」都沒有變，整個世界都沒變，但是我快樂了、幸福了、美好了。這時我的生命、命運就由我自己來掌控和改變了。這就是意義，就這一個蘊字，佛法就在告訴我們宇宙的真諦，人到底是怎麼回事，以及人和宇宙之間的關係是怎樣的。

第三節｜外境任變化　我亦自如如

明白了色受想行識五蘊，就明白我們為什麼要學佛法，而且一定要落地。當我通透了這些之後，就更加能夠看清這個世界，看清這個宇宙和我的關係，我就不再被動了。否則，凡人、迷人就是被動。被人誣告、老公跟人跑了，我的生命就全完了、沒有意義了，就只會覺得老天對我不公。這樣的人，就是不明白、不知道宇宙的真諦。真的要學佛法、道法或者儒學，首先一定要清楚宇宙的真諦，之後就能看到真相，看透人生，看清我應該向哪條路走，透過識蘊、行蘊、想蘊，改變我的受蘊。其實痛苦也好，幸福也好，都是一種感受。

有人說：「老師，我為什麼這麼痛苦？因為我沒錢，我要旅遊也沒辦法去。天天朝九晚五就為了我的生活，為了生存，一點自由的時間都沒有。老闆還逼逼著我加班，還扣獎金扣薪水，真是萬惡的死老闆！但是為了生活我沒辦法，還得忍著他，等哪一天我成老闆了，我一定整死他！」看見沒有，你的所有都在受外境的控制。

我到了一片沙漠，這麼多高高的柱子，這不肯定會砸到我啊？總是一走就碰上，往哪兒躲呀，你的世界整個都是灰暗的，不是嗎？外境就影響著你、制約著你、控制著你，你是非常非常被動的。這就是看不透的凡人、迷人，

其實，任何一個人都在受著環境的左右和約束。你存在於這個世

間，就會受環境左右，這是必然的。神仙不受左右嗎？神仙能完全任性嗎？喜歡美女，就去占有？喜歡金錢就弄一堆黃金，天天堆積金山，那是魔，不是神仙！魔有沒有什麼制約呀？魔就可以任性嗎？魔到了一定程度，天雷也得劈他，還得有天劫，還有大自然的規矩制約他。

你以為就你自己朝九晚五受制約啊？那皇帝國王受不受制約？更受制約！責任越大受到的制約和監控就越強。國家領導人敢說一句不著調、不得體的話嗎？他在臥室裏對他的老婆都不敢說一句床頭話，信不信？枕邊風，甚至夢話都不敢說錯一句話，天上好幾百顆衛星盯著他呢。有人認為在自己的臥室裏，有何不敢說？你以為臥室就穿透不進去啊？還可能有各種錄音設備，都在他的臥室裏、床下面呢。如果你是國家元首會不會被監聽？全世界的人都想監聽你的時候，你躲的了嗎？

那個時候你才真的知道什麼叫被制約，才真的會羨慕朝九晚五的魯蛇。沒人會費心監控任何魯蛇，他沒事就能撩撥一下小美女，沒人管；工作做完了挺好，做不完老闆罵一頓而已；回家之後，想幹什麼就幹什麼，想說什麼就說什麼，在家不穿衣服都無所謂，沒人看也沒人管。但是，如果你是國家元首，你敢有任何隱私嗎？

所以不要總覺得好像你是最苦的。任何事物都是兩面，一旦我們真的知道宇宙的真相，以及人和宇宙之間的關係，就明白一切都是自己賦予的。一旦知道了這個理，馬上就可以改變自己的命運，是當下

就能改變。賦予你現在的生活以積極、正面、陽光的意義，魯蛇有魯蛇的快樂，國家元首有元首的榮譽和成就感。當國家元首雖然喪失了隱私，但是有為國為民的成就感，是一種昇華的快樂，而不是個人的解脫自在。但是當一個魯蛇，就有個人的自在快樂，沒有國家民族的重任，我默默無聞，但是我有個人的隱私權、個人的小快樂。所以好好的賦予你當下的人生，就在當下，你的人生就會改變。快樂其實很簡單，幸福其實很容易！

　　有人還在問：「老師，怎麼能容易，我現在就單身一人，我怎麼能幸福啊？」那你就把幸福定義成為必須得有另一半了。你要知道，有了另一半也不一定會幸福。問一問那些已經有另一半的人，很可能正在羨慕你是單身一人。這就是圍城效應，牆裏的扒著牆頭羨慕牆外的，牆外的仰望著高牆羨慕牆裏的，都是一句話「你們太幸福了！」牆裏的說：「我進來就出不去了，在外面多自由，廣闊天空任你翱翔。」牆外的說：「裡面多安全啊，遮風避雨，還有人照顧，我在外面風餐露宿的，沒人管沒人問，只剩自由了。　」看這一個牆裏、一個牆外，這個覺得自己不幸福，那個更不如意。其實各有各的幸福，都挺幸福，牆裏有牆裏的幸福，牆外有牆外的幸福。關鍵是不要總想著現實要多麼完美，就是總想去改變色蘊，從而達到自己所謂的快樂和幸福，不要那麼去做，不要總想改變外在的境。

　　有人提出疑問：「老師，我們拼搏進取難道不應該嗎？」進取是

應該的，但是你要知道進取的方向。佛法一直告誡我們，不要向外求，不要向外去看。你的快樂、你的生命、你的幸福，只在你內心的感受中，你的受想行識決定你是否快樂和幸福，或者是痛苦。外境再改變也決定不了你的受想行識，而是你的受想行識賦加給外境積極的意義或是負面的意義。

還是不明白：「老師，不！如果我有座金山，我有一億元，我就快樂。」不會的！外境的變化不會影響你的受想行識。你現在只有一萬塊錢，覺得自己買不起房，不能旅遊，什麼事都做不到。我告訴你，雖然你現在感覺不快樂，但是如果你不改變自己的受想行識，就算外境發生變化，你有了一億元，你只會快樂三天，後面一定又恢復到原來的狀態，因為自己沒變化，人的受想行識是不會由於外境的變化而發生變化的。

雖然你現在理解不了，還是會說：「不！如果有一億元，我就真的快樂了！我還要有愛我的老公，有很乖的孩子，那我一定很幸福、很圓滿！」這都是假相，不要以為你有了孩子真的就幸福，那還是你以為。有多少人有了孩子後悔的，沒當媽媽的時候溫文爾雅，當了媽媽都成了悍婦，天天在家面對孩子說：「這輩子最後悔的就是生了你！」一輩子的青春全耗在孩子身上了，孩子還不聽話。所以，不要以為有了孩子真的就幸福，那是你以為。

幸福很容易，快樂很簡單。改變自己的受想行識，不要去想著改

變外境。沒有孩子，就享受沒孩子的二人世界。沒有錢，也有沒錢的快樂瀟灑；有錢了，也有著有錢的煩惱。

有人還是堅持：「老師，這些我都知道，但我還想要錢。」這不就是執著嘛！你以為，沒錢的時候你煩惱，當你的受想行識不變的時候，有錢了你就不煩惱嗎？銀行帳戶存了一億，銀行、稅捐單位天天打電話問你，你這錢哪來的，繳稅了沒？繳了多少稅？繳稅足不足你說了不算，而是稅捐單位說了算的。你是魯蛇的時候，你主動找稅捐單位，都沒人理你；真有了一億，因為你有錢，稅捐單位天天都會盯著你，最後繳稅不足還可能抓你坐牢。一億元繳稅、罰款各種折騰，最後沒剩幾萬塊錢，可能還不如開始就沒有。

人就這麼回事，現在最有錢以後，所有的事都會巨變，可不一定是向幸福的方向變，那時最懷念的可能就是他默默無聞的時候。改革開放四十年以來，中國這些首富基本就兩條路：一條路是走進監獄的路上，另一條路是從監獄出來的路上。為什麼？正所謂匹夫無罪，而有錢了，本身就是罪。

有人問：「老師，那這麼說，我們都不能賺錢了。」又理解錯了！真正的意思是，沒錢的時候，你要賦予沒錢的積極意義；而有錢的時候，你要賦予有錢的積極意義，這能理解嗎？你的人生不管在任何狀態下，不管現在外境如何，都能保持、保證我的開心快樂，那麼人生就掌握在我自己的手裏了。這就是學習《六祖壇經》的意義所在。

以上是對一個蘊字的講解。希望大家在這一個字上，能勘透宇宙真相，認清我們的人生。知道我們人生的意義，明白我的快樂、幸福是怎麼來的，我的痛苦、煎熬又是怎麼來的。那麼，我就知道什麼叫離苦得樂，苦不是不好，有的時候苦是我們奮進的動力。所以時刻記得太極陰陽，當我們看到苦的時候，就給苦賦予積極的意義——天將降大任於斯人也，必先苦其心志，勞其筋骨，餓其體膚，空乏其身，行弗亂其所為……苦也有苦的意義，磨難也有磨難的意義。

　　共產黨不經過二萬五千里長征到延安，有可能得天下嗎？在江西瑞金永遠不可能得天下，早就讓人滅了。雖然被別人逼得逃跑，經過二萬五千里，也是從死地跑到了生地。中國的西北東北是生地，歷朝歷代都是北統一南。再者，沒有二萬五千里長征，能鍛煉出一批堅強的戰士嗎？能在長征的過程中，不斷總結形成自己的一整套思想意志嗎？能知道為什麼離不開人民群眾嗎？一套體系出現以後，才真正是勝利的奠基。

　　哪一個成功的人，沒有經過磨難！但是，絕大部分人都在磨難當中沉淪了。我們要做到，磨難來了平等視之，不要悲憤，悲哀，然後沉淪。要知道宇宙的意義、人生的意義是我們賦予的，人生外境好的時候，我們要抓住機會向上；當外境給我們磨難的時候，我們也不要逃避，不要沉淪，而要賦予它積極的意義，讓磨難變成我的動力。歷史上所有成功的人、有成就的人，一定有經歷大的磨難。火箭升空，

後座力一定是越強升得越高。一帆風順，沒有後座力，怎麼升空？後座力是什麼？想往上去是不是得有反向的力推動，所以，提升的目標越高，反向的力就得越強，這不就是磨難嗎？當我這麼一說，是不是就覺得自己的磨難有些少了啊？

我們每個人都在逃避磨難，當然我們不會給自己製造麻煩，但是事實上，磨難的大小跟你的願是有關係的。你是要展翅高飛十萬里，甚至飛向火星的願，你的反作用力是不是要非常大呀！如果只是想飛一米就落下來，就不需要那麼大的反作用力。人生就在你的掌控中，有多大的願，就得有多大的後座力，要想功成名就，你就得承載跟它程度相應的磨難。

共產黨的願是為了解放全人類的無產階級，這個願大不大？讓所有受苦的勞苦大眾，翻身得解放，過上好生活、好日子。剛建黨的時候，真的是這樣去打下天下，真的是有這個宏願！那時候，共產黨員拋頭顱灑熱血，吃樹皮草根，堅定共產主義的信念。後來發生變化是之後的事，我們說的是前期。所以經歷二萬五千里的磨難，經歷那麼多的風風雨雨，結局最終實現了大願！這就是一個宇宙的真理，我們不要去排斥磨難。

不是說我們修佛以後，就一生平安、順順當當，一點磨難也沒有，更沒有人坑害我了，不是的。學佛以後，人生的際遇、人生的經歷都是外境，山是山，水是水，人是人，都沒有變化。是什麼變了？是我

們對外境的受想行識變了。把握你的人生吧！有磨難的時候，能賦予磨難積極的意義，保持自己積極的行動，光明的、樂觀的、向上的精神。身處磨難，也保持我的樂觀，保持我的開心、幸福。飛黃騰達、有所成就、完成使命了，我也能賦予正面的、積極的意義。

人的位階越高，其實磨難也就越大。哪個總統不挨罵？哪個名人不挨罵？你不是名人的時候沒人理你，沒人罵你，全都讚賞你。但當你真是名人的時候，就和別人的利益有衝突了，別人也想成名人，以前讚揚你的那些人反而都在罵你，這個時候你能承受名人的光環、能承受名人背的鍋嗎？當你知道給自己光明、積極的一面，在受想行識這四蘊上下功夫這些以後，真的能接納這些，看透這些，就能隨時改變自己的心態。色界色蘊，不管它是怎麼樣的，跟我沒關係，它來風雨也好，來溫暖的陽光也好，來個寵愛的小動物也好，都能透過改變自己的受想行識而應對它。

用自己的受想行識，內心以及精神領域的轉變，來應對色界萬事萬物的變化。狂風暴雨來了，我好好在雨中洗洗澡，衝刷衝刷，讓雷電好好劈一劈，淨化淨化自己。青山綠水來了，我在山水間好好的享受溫暖的陽光、和煦的春風，人生就掌握在我的手裏。外境再變化，我也自如如，這就叫「一真一切真，萬境自如如」。如如之心，那才真正是真實的實相，才是真正的意義。這就是我們來講解一個蘊字給我們的意義。

第二十七章

一念不生全體現
六根才動被雲遮

第一節│五蘊十八界　六根接六塵　六識賦意義

　　前面是在講述五蘊。「蘊之與界，凡夫見二」，「界」又是什麼呢？「界」，我們叫「十八界」，這其實是所謂「蘊」的另一種說法，兩者有相關，即是五蘊再細講，又生十八界。十八界的意思，是內六界，外六界，又有六識。內六界，我們叫六根；外六界，我們叫六塵。由六根感應六塵，然後在我們體內形成六識，這樣形成一整套人身和宇宙相應的認識體系。

　　我們要知道，內六界，即所謂的六根指的是眼、耳、鼻、舌、身，再加上「意」根，這叫內六根，也就是我們生理的結構。眼根就指我們的眼睛，它把色界，也就是說物質世界的訊息，透過眼睛、眼根像攝影機一樣都錄下來，把訊息接收過來。耳朵搜索聲音，整個宇宙的聲音。所以說，眼耳鼻舌身意，其中眼耳鼻舌身這五根就是對外接收訊息的五個窗口，是我們身體的五個器官，透過這五個器官來接收整個外部的訊息，由第六根意根來判斷、分別。

　　六塵是指，宇宙的萬事萬物分成六大類，六根接六塵，我們人就對應著六根來感受這六大類事物。這六大類就是色、聲、香、味、觸、法。這六大類代表整個宇宙的萬事萬物，包羅萬象。但是宇宙包羅萬象，我們人不可能把宇宙所有的訊息全都接收到。因為我們只有六根，我們只能接收到與這六根相關的、相對應的訊息。這叫六根接六塵，

六塵也叫六境，也就是色相、有形的物質。六根對六塵、六境，一一相應。

　　眼根，看到的就是色相。我們根本看不到所有的色相，因為我們的眼根是有限的，它本身是一個器官，受限於我們所謂的生理結構，只能接收很狹窄的光譜。像那些紫外線、紅外線，超出我們可視光譜之外的太多太多，所有光譜範圍比方有十米寬，那麼對應我們的可視光譜也就這麼一寸寬，絕大部分的光譜其實我們都看不見。不要以為你能看見宇宙，那只是你以為能看見宇宙。

　　事實上，我們看不見的東西太多、太多了。我們只能看到很少一部分訊息，對我們有用我們才能看到。否則的話，如果這些你全都看到了，會累死你。好多都是無用的訊息，比如紫外線輻射我們就看不見，你看見也沒有用。看見的訊息量太大的話，我們的腦袋像電腦中央處理器一樣，沒有那麼大的運行功率，就運轉不了。所以現在我們只能看到這麼窄的光譜範圍。

　　耳根，來聽聲音，然而我們的耳朵設計，能聽見的聲音範圍更窄。所謂能聽見的宇宙聲音，也就二十赫茲到兩萬赫茲之間，更不要以為我們能聽見宇宙所有的聲音，絕大部分聲音聽不見，超聲波、次聲波根本就聽不見。能與我們的耳朵共振，讓我們聽到的聲音範圍太窄了，人的聽力範圍比很多動物的聽力還要窄，狗的耳朵都比我們的靈多了，而蝙蝠可以直接使用超聲波。

不僅耳根，動物的眼根也與我們有很大不同。蜻蜓的眼睛是複眼，與我們看到的世界，是完全不一樣的。我們作為人來講，六根對六塵，我們的六根，眼耳鼻舌身意，是有局限的，所以我們只能從宇宙中接收色聲香味觸法。我們的眼睛看到的是色、物質，耳朵聽到的是聲，鼻子聞到的是香，舌頭品嘗的是滋味，身體碰觸到、接觸到有感知、感受。那所謂的法是什麼？如前面所講，一切萬物，其實都叫法。由前五識接收訊息之後，我的第六識意識，判斷和延續出來的叫「法」。接收、判斷，最後有個延續，也就是前五識色聲香味觸延續下來叫「法」。

　　六識又是什麼呢？我們的六根對六境，這都叫工具，六根是工具，六境是外在的客觀存在，這都是死的。外在客觀存在都是死的，工具也是死的，沒有能動性，只負責接收。比如眼睛就像攝影機一樣。這五識都是死的，只是接收外在的六塵的訊息。接收來的訊息是沒有意義的，任何的訊息僅接收來沒有意義，形不成功能，只有在六識的作用下，才有它的功能，功能即是賦予它意義。

　　眼識是什麼呢？眼根接收色境相對應以後，透過眼識，即大腦、中樞神經的功能，也就是眼睛接收到外面的色相色境，然後把這個訊息的電子信號傳到中樞神經，中樞神經有跟眼對應的一個區域，是專門處理眼睛接收外境訊息的區域，對眼睛接收的電子信號進行判別、加工，然後形成相應的功能。意思是，圖像是在哪裏出來的，不是我

的眼睛形成圖像，我的眼睛看到的就是微塵，是一種電子訊息，這些電子訊息是由微塵不同排列形成的，都是微塵的排列，那我的眼睛、眼根接收到的不是這個所謂看見的事物，眼睛接觸到的是不同排列的電子訊息，這些叫外境。

都是沙子，只是排列組合不同，我的眼睛接收到的，比如有平面、有凹低不平、有各種光線的反射，就會形成不同的訊息、電子信號，我接收到電子信號，到達處理眼睛信號相對應的大腦區域，就是眼識形成的區域，在這個區域把這些電子信號聚集成像。成的圖像並不是現實中的那個形，比如就是現實事物的這個畫面、這個顏色，不是的，而是在我的大腦當中眼識發揮的作用。我們每個人看見的顏色是不同的，不要以為每個人看見的都是相同的。

有人說：「老師，這件衣服不就是灰褐色嗎？」事實上，就算我們都認為是灰褐色，我說的灰褐色和你說的灰褐色，以及他說的灰褐色，都不是一個概念。我眼中的灰褐色，是在我的大腦中成象的顏色，這個灰褐色是這個深度、是這個感覺。你大腦成象看到的那個跟我相似，絕不相同。不是因為一個東西是客觀存在，我就看見了它。所有的都是信號，我接受到的是信號，你接收到的也是信號，然後在大腦中的眼識部分成象，我是在我這兒成的象，你是在你那兒成的象，他是在他那兒成的象。因為人的生理結構相似，所以處理的時候，所形成的成象功能都相似。然後，經過千千萬萬年集體潛意識的共業、共

同的認同，最終大家看到的都差不多。如果沒有共業，那看到的是完全不一樣的。一隻狗看同樣這件衣服，對於這個形狀和這個顏色，看見的跟人所見的絕不一樣。狗有狗的共業，狗與狗之間看得差不多。而且狗的品種有差異，看到的也不會完全一樣。不同動物間，像蜻蜓看到的和狗所看的、以及人所看的也不一樣。

　　因此所謂的六根，是我們接收訊息的器官，只是個工具。六塵沒有任何意義，六塵就像我們講的沙漠裏的沙子，雖然各種形狀，一個沙塊、一個沙丘、一個小沙包、一個小沙柱，但沒有任何意義。那意義在哪兒呢？都在我們接收到訊息以後，在我腦中成象了，有色、聲、香、味、觸，而法是在意之下的感受狀態。比如：「哎呀，真受不了，這是什麼味兒啊？」這就是法延續，對象有判別，所有的意義都在那兒，都在作一個判別。煩得很，什麼味兒，這不好，真髒……等等，這就是意識起的作用。接收五根訊息的前提基礎上，形成喜愛、討厭等等。

　　別人說一句話，我沒看見人，但我聽見話了，這就是耳識發生作用。聽見別人在說：「范老師講課淨瞎扯、胡謅，講一些咱聽不懂的東西，譁眾取寵。」我聽見，是我的耳識聽見了。外境我聽見以後，訊息到了我的中樞神經，我的意識開始起作用，開始分析「范老師」，這是說我呀，「就在那兒瞎扯」，耳識一聽，開始判斷：「這是在罵我呀，說我講課淨瞎胡扯。」一經分析、判斷，馬上就延伸出：「這

是對我不滿啊！聽我的課聽得不滿意呀！」這就是延伸，也就是法，意識產生這些法，然後就引起我的受、想、行。

我就能想像出他在罵我的場景，然後我的感受就是憤怒、不高興、不舒服。別人在說我好的時候我就舒服，別人說我不好，說我講課瞎胡扯時，我就會覺得：「我費盡心思講，你聽不懂就說你聽不懂，說我瞎胡扯，那是你沒有智力、沒有智商、蠢得很！聽不懂課還說我瞎胡扯……」我就開始起心動念，感受就是憤怒，這叫受。如此就開始勾起我的受、我的想像，然後是行，下回你再想聽我的課就不允許你來了。

這叫受想行識，我們六根相應六境，形成六識，形成我們的意識，形成我們的判斷，然後跟我們的心就連到一起。所以這個聲音就有它的意義，因為能勾起我的連鎖反應，這就是聲。藉由聲境引起我的連鎖反應。所以這就叫聲根不淨、耳根不淨。

我們講凡人就是六根不淨。你看見的東西就以此為真，這叫眼根不淨；聽到聲音以此為真，叫耳根不淨；聞到香氣後以為真，叫鼻根不淨；嘗到味道以為真，叫舌根不淨；觸碰到以後以為真，叫身根不淨；後面不斷的境上生心，念上生念，叫意根不淨。我們凡夫就執著於我們的六根所接收的六境，然後用意識延續不斷的判別、不斷的取捨、不斷的產生結論，然後影響內心的受想行。

這就是說，五蘊與十八界，是人與宇宙的相應關係，我們是怎麼

迷於外境的，我們如何六根不淨，然後被外境所牽扯，勾起我內心的受、想，最後是行，即是直接反應回去。我的耳根，收到罵我、說我講課不好的聲境，形成了我的聲識、耳識，然後意識就起作用，我的感受就不好了，反感、討厭這幾個人，都是一一連鎖。我能想像出他們醜惡的面孔，想像中趕走他們，恨不得揍他們一頓，然後我就針對他們作出行動，告訴助理不讓這幾個人再來聽課。這就是行，直接就反應回去。

所以，凡人是不斷透過六根接收六境的訊息，不斷的做出判斷，形成喜怒哀樂，我們的情緒就跟著受影響。然後各種想法，就開始境上生心，念上生念，各種幻想、各種妄想，我應該怎麼對付他呀，應該做什麼，然後就會落實在行動上，就會跟人衝突，或者喜愛交好，開始實施作用在外境上的行動，就形成一個循環。我們就在這個循環中，不斷的循環、不斷的輪迴，這就叫輪迴。我們被境所迷，然後就開始輪迴。

第二節｜六根清淨　轉識成智

上面說的狀態叫六根不淨，我們就被外境迷了。被外境一迷，互為因果，我的情緒、想法、行動，就根據我的意識判斷，由外境在我的內心深處形成。因識而導致的受想行，與外在形成一種因果。愛也

好，恨也好，衝突也好，就會形成因果。迷人就是這些看不透，還以色為真，以色為實，以為眼睛看到的就是真的，所以相信眼睛接收到的訊息。其實訊息本身就是沙漠當中的一個沙丘，沒有任何意義，即你眼見的東西沒有任何意義。但是你接收到事物訊息以後，在你的六識中就形成了意義，然後由你的意識延伸這個意義，這個意義延伸出去又勾起你的情緒，情緒勾起以後，心裏無限的幻想和妄想，導致了相應的行動，又作用在事物上面，由此就形成了我和宇宙之間的互動。這種因果或者這種互動，其實是建立在假相的基礎上的，因為這個沙丘本身沒有意義。

我看見一個特別漂亮的美女，這是一個「色」吧。說那是個美女，其實那就是一堆肉嘛！任何人本質上都是一堆肉。有人聽著受不了說：「老師，你說得有點太過分了，怎麼能是一堆肉……」這麼說吧，對人來講這是個美女，如果是隻狗看任何人都一回事。人覺得是美女，狗可不覺得你是美女，驢看你根本一點感覺都沒有，就是一堆電子信號。驢看俊美的驢有感覺，而你看見一隻母驢，驢覺得再漂亮，也是在驢裏最漂亮的，而在你看來就是一堆驢肉，是不是這個道理？

但是，你看見那個美女以後，雖然眼根這兒沒有美女不美女，但你的眼根就接收到電子信號，馬上送到中樞神經，六識中的眼識接收到了，就以人的標準進行判斷：美，漂亮。這個不是眼識判斷的，而是意識判斷的。漂亮這個判斷一出來，立刻引起內心的感受，「哎呀，

心跳了，**蹦蹦蹦……**」然後出現無限的遐想，「哎呀，這美女，我抱著會是什麼感覺……」然後就有行動，找理由接近，看能不能請她吃飯，能不能最後抱得美人歸。對外境、對這個美女，是不是就開始有相應的因果，而這一切都源自於看到一個美女漂亮。

但是，什麼是漂亮？有標準嗎？都是人，並不是一個女子往這兒一站，所有的人類都說她漂亮，不可能吧。漂亮是有標準的，唐朝的時候以肥為美、胖為美，現在則以瘦為美。那麼在非洲呢，一個美女，一個酋長夫人，你看著一點感覺都沒有。很多所謂中國美女，中國人看著感覺很醜，但是老外卻特別喜歡，長得在中國都嫁不出去，結果在國外各種達官顯貴都爭搶。我們都理解不了為什麼，所以不同地方對美的認識標準不同。

美的標準是怎麼形成的呢？是在人的進化的過程中，由集體的潛意識不斷的積累形成。所以你看到一個女人，她本身沒有任何意義，所有的意義都是我們附加的。然而，我們就覺得這種感受是真實的，真美呀！真的心動，真的喜歡，真愛！感受覺得真實，那想像的時候，就天天想，不睡覺不吃飯的想，就這樣引發了連鎖的反應。以這個色相為真，覺得它是實。

所以佛法的五蘊與十八界，就在告訴我們這一整套心理活動，包括與外境之間的相應關係，以及人是如何形成這一套心理的，又如何形成的情感、情緒，愛、恨，然後怎麼執著於這些，妄想和執著是怎

麼來的，行動又是怎樣相互作用的，這些就是因果形成的根源。真正的根源，就是被外境所迷，被外境所騙。所以六根不淨，才是修行的障礙，才是我們心裏各種煩惱和痛苦的根源。

五蘊與十八界的關係都清楚以後，我們就知道，十八界是對五蘊的具體描述。六根與六境就是我們的色、色蘊，然後受想行識就是五蘊當中代表人「心」的四蘊，心發出的功能，心感知的功能，心感受的情緒，心決定的行動，心決定的這些妄想。執著與妄想就是這麼來的，因為六根不淨。

聽到讚揚我的聲音，心花怒放，把它當真；看到美好的，喜歡；看到噁心的、討厭的、醜陋的，反感馬上就來了。心就跟著境在動，這就叫心隨境轉。你的心，也就是受想行識，隨境隨色在轉。所以修行修什麼？就是修六根，一定要六根清淨。

六根怎麼清淨？識外境，即識外六境為虛妄。知道外六境是虛的，是假的，不是真的，都產生於我的中樞神經。由於我的六識，其中五識接收訊息，由意識做判斷，都是這個意識的事兒，是它引起我的情緒的波動、無限的遐想，包括我相應的行動。所以，當你明白這些，你就知道真正修行修的就是我們這個意識，就修這個意。它決定五識，我的眼耳鼻舌身，攝取什麼訊息；同時，它決定訊息來的時候，如何加工、整合、整理，最後輸入我的內心，影響我的受想行。

意識非常重要，所以修六識就能修成轉識成智。我有了大智慧以

後，放下六識，即是放下分別、放下判斷，最後就能做到轉識成智，所有的訊息吸收過來，在我這兒都不去境上生心、念上生念，來就是來。比如聽到有人說：「范老師的課講得真不好，說什麼都聽不懂。淨瞎扯！」我聽到之後，知道這個是假，即耳根聽到了聲境、聲塵，然後落到我的中樞神經，我馬上明白，聽到就是聽到，沙子就是沙子，沒有任何意義，就是聽到一個聲音而已。范老師是哪一位呀？誰是范老師？任何人事物只要跟我不相關，他就引不起我的連鎖反應。這就好比，如果別人說劉老師，我又不姓劉，跟我沒關係的都聽不見；但是，一說到范老師，因為我姓范，立刻就跟自己連接上了。人家說的可不一定是我這個范老師。但一旦連接上就開始受想行，然後就說：「不讓他聽我的課啦！」人家還挺納悶：「為什麼不讓我們聽啊，老師？」

「你不是說我講得不好嗎？你不是說我在瞎扯嗎？」

「老師，我們說的是樊老師，沒說你，你聽錯了。」

「啊，我聽錯了！好吧，那你們還繼續聽課吧。」這就是我們耳根收到聲境，馬上做判別，跟自己一旦聯繫，馬上引起自己的反應、情緒、妄想，然後就是行為，這就是凡夫被境所牽引。別人說我好的時候，我高興；別人說我壞的時候，我憤怒。所以真正的修行就要在第六識上修，前五識不用修。

有些人會這麼問：「老師，我要修得先修眼睛吧。修眼睛是不是非禮勿視，漂亮的、引起我心動的，我不看她？」

雖然你不看，但這是你眼睛的問題嗎？你說不看，其實一定還是會偷偷看。因為那不是你眼睛的問題，是你看了以後，立刻心生喜愛，然後你被迷住了。結果還繼續對自己說：「我修眼睛，非禮勿視，不看不看。」其實，普通人都是這麼回事，你把罪過放在眼睛上，其實根本不在眼睛，而是在你的第六識上，在意識上。所以我們真正修是從第六識上修，第六識一變，我們聽到的、看到的，面就寬了。現在我們的六識都帶著分別，越分別你看到的越狹窄，越分別你聽到的就越狹窄。

那是什麼意思呢？比如你心裏有個念頭，就是覺得「大家都在說我壞話，大家都在罵我，大家都瞧不起我」，當你有這一個念頭的時候，你就發現，你的耳朵天天都能聽見罵你的人，天天都能聽見罵你的聲，天天感覺大家都在背後議論你。你的眼睛看到的，都是大家在偷偷議論自己。就像有一個鄰居間的故事，一個人弄丟了斧頭以後，懷疑是鄰居偷的，鄰居好心送隻雞來，就覺得人家是不是偷了斧頭心裏有愧呀？心說：「看他那樣兒，跟我說話都不敢正眼看我。給我隻雞就能頂我的斧頭嗎？快走吧，我壓根兒就不謝你！看他走路都像賊，還回頭偷偷看了我一眼，肯定是偷了我的斧頭心裏有愧！」第二天，這個人在自己家裏找到斧頭以後，「哎呀，原來不是鄰居偷的啊，人家昨天還送給我一隻雞。」再一想，再看鄰居走路，再聽鄰居說話感覺就全變了，一點也不像賊了。

所以，我們的五識受我們的意識控制。當我的意識放到無限大，一切我都能夠接納和包容。當一切都沒有分別的時候，我們的五識就會廣闊無垠，就會廣大無礙。當我放下了意識判別的時候，大神通就會出現，任何人事物我都了了分明。亦即是說，修行就是在修，當我不在意識上分別、判斷、取捨的時候，我看任何人事物都是一體兩面，整體、全體都能看到。

　　這就叫「一念不生全體現」，一念不生是在何處不生，就是這個第六識，也就是意識，「一念不生全體現，六根才動被雲遮」。現在知道六根是什麼了，六根一動，比如眼睛一下被「美女」吸引過去。不是眼根動了，而是眼識。你的意識認為美，就被吸引過去了。一旦被吸引過去，意識就會變成一個點，當你被這個點迷住的時候整個世界就消失，此時你看她什麼都是美，其實你只看見這一個人的一個點，比如「美」就吸引你。但是這個人也許是蛇蠍心腸，特別狠毒，但是外表特別的美，當你被她的美吸引以後，蛇蠍的心腸你就看不見、被遮蔽了，你的眼睛就看不見這兒。

　　你盯著一個點的時候，六根動。心根一動，意識一動，馬上你的眼睛、耳朵，你的所有聲香味觸法，所有的眼耳鼻舌身意，嘩的一下，就被意識帶到一個點上——真美呀，說話真好聽啊，身上的味兒真香啊。再接觸起來，親吻起來，可甜美了，身體真柔軟，就被迷進去。六根才動被雲遮，你就糊塗了！一下被美吸引進去之後，你接收的訊

息，反應出來的全都是好啊、美呀。在意識當中，就形成一個法，延續延續……然後就是愛，然後各種幻想、美妙的感受，進而就行動結婚去了。結婚不到兩個月，發現這人怎麼是蛇蠍心腸呢？怎麼對我媽這麼壞呢？也就是美妙勁兒過去以後，執著的點到一個極致時候會反轉。你只是盯住那一個美啊、香啊、甜啊，只盯一個時就被雲遮了，六根才動的時候被迷進去了。一大片烏雲，那個美啊、香啊就是烏雲遮住你的眼睛。她的背後你看不見，你看到全是她的好，她的背後陰影看不見。結婚以後，六根一種刺激持續一段時間，就像不管什麼花你天天聞也不香了，到後面刺激勁兒快過去的時候，雲慢慢淡了的時候，另一面就露出來了，原來她是蛇蠍心腸啊！

現實中太多美若天仙，同時蛇蠍心腸的人了，但是真正看透蛇蠍心腸，都得生活好多年以後。終於看清了，對自己的媽媽真狠，對別人怎麼這麼無情、這麼沒有同情心呢，什麼事都這麼自私。另一面顯露出來的時候，六根也全都配合。你原來一直這樣蛇蠍心腸啊，原來是金玉其外敗絮其中。

當你對這個人的評價一旦一變了，有這種意識以後，你的六根又一下全都奔向這兒去，看著也不美，眼睛怎麼是這個樣子的，瓜子臉本來感覺很好看，現在覺得尖嘴猴腮的，然後再聞她也不香了，再親吻的時候味道也不對了，再抱她的時候也沒有那種柔軟了。你的五識都跟著你的第六識轉變，其實接收的訊息都沒變，而是接收的訊息在

意識中，根據你的意識判斷變化，有選擇的接收。當你說美、說愛的時候，接收的全是好的訊息；當你反感的時候，接收的全是負面訊息，然後覺得自己怎麼娶了這麼一個人呢！當時怎麼看上她的呢？徹底被她騙了！這是不是就是被雲遮呀。

六根才動被雲遮，其實不是六根動，是心動了，被迷了，迷進去你就被雲遮，看不見事物的整體性，這就是凡人。我剛才講的一個例子，是我們做凡人每天都經歷的，我們看領導是這樣，看父母是這樣，看孩子是這樣，看身邊的朋友也是這樣，我們都是這樣。任何人、事、物發生在我們身上，馬上都是這種循環、這種情況。色、識、受、想、行，我們自身是有強烈的受想行的反應，最後就形成我們與外界的因果，形成我們與自然、與世界的周流，這就叫輪迴。就這樣不斷的輪迴、不斷的輪迴。

我們必須得破掉這個輪迴，心才不會被外境所迷，不被外境所迷才能看透人事物的整體性。人事物整體性看透的時候，就能保持客觀，能做到了了分明，那就是大神通。我的耳、我的眼，一聽一看任何事物，都是吸收全部訊息。其實本來我的眼睛能夠吸收的全部訊息，只是由於我的意識判別，遮蔽一大部分。本來我們也能聽到所有的信息，由於判別，也遮蔽了。

我只須把六識一放下，一念不生。不生不是止念，不是沒有念，是不於境上生心，不於念上生念。一念不生的時候，來的任何訊息不

做判別，這樣我們就能透過眼根接收到宇宙的一切訊息，透過耳根接收一切訊息，不做判別就能做到「一念不生全體現」。全體現就是大神通，這叫無漏神通。

六根不動，我就不被雲遮。我見什麼就是什麼，我不去判別，看見就是看見，不加意念，不加好、不加惡、不加喜歡、不加愛、不加恨。見著就是見著，這就叫直心是道場，菩提自性本來清淨，但用此心直了成佛。又說回去了，其實佛法就是告訴我們這些，透過五蘊十八界，人與自然的互動，整個宇宙的構成就是由五蘊十八界合和而成，我和宇宙就是這樣來的。我如何認知這個宇宙，如何運用五蘊十八界呢？當我知道我的內心，人和宇宙的結構，我就知道我想要什麼，想要平安也好、幸福也好、寧靜也好，而且我就知道我想要的該怎麼來了。首先我知道它的淵源，為什麼有愛有恨，為什麼有苦有樂，為什麼會有那些行動，與人衝突，恨人、害人的行為。

現在就知道所謂的外境，一切相皆是虛妄。那我內境的受、想、行，是被牽引的、是被左右的、是被影響的，也是虛的，本來都沒有。就像水一樣，本來平平靜靜的，風一來才波濤洶湧。風才是問題，風是什麼呢？風就是意識。我們學了五蘊十八界突然發現「內」是虛的、是空的，因為感受、想像這都是虛的、空的，包括行為；「外」，色界也是空的，也是虛妄的。

到底是怎麼聯繫起來形成實的呢？是內與外之間有一個意識、第

六識在起作用，影響內、外的聯動，互為因果，糾纏不清。世世代代糾纏不清，人與人之間恩怨情仇，人與事之間、人與物之間發生點事，就恐懼害怕；又有一點事，就欣喜若狂；受著外境的影響，一個大霹靂嚇得渾身直抖；繼續往外，日月星辰、山河大地都在影響著我。我跟人事物之間每天糾纏，而這個中間就有一個軸，就是意識。

所以，所有的修行都是修本體，就是修這個意識。怎麼修意識？一個雷「轟」的打下來，正常本能的恐懼，立馬可以放下它。怎麼放下？這跟我沒有關係，就是一個色、一個境，是虛的、假的，得從這兒開始起修。看見個美女，眼睛一亮，然後馬上放下，僅是一團肉而已。

有人說：「老師，這能做到嗎？看美女都不行！」這就叫福薄業重。業，美女看著是美女，可不是所有人都認為是美女，你被牽引過去，被她吸引了，也不是所有人都被她吸引。為什麼你被她吸引？最後她成了你的孽緣，這不是業重嗎？被吸引、執著、迷進去、被遮蔽了、被騙了，甚至被人害了，現實中都是這樣來的。

堅持不懈的一直修行，放下，不要被自己的感官所牽引，越修越放下分別，越……逐漸就會發現你真的就不會被外境所牽引，外界沒有什麼太讓你著迷了。一點一點逐漸你的欲望就減弱了，這才是清心寡欲。美女你看一眼，覺著還行吧，她再是你的孽緣，再是來找你的冤親債主，她也靠不上你。以前孽緣深重的時候，人家沒來往上靠呢，

你就衝上去了。現在你經過不斷修行，即使她主動來找你，你的心也不動，正常交往就交往吧，不往深裏去，你是不是就躲過一劫啊。

有人還有點緊張：「老師，我清心寡欲以後，看誰都不動心了怎麼辦？」

所以後來就有人出家，看破紅塵了嘛。什麼是看破紅塵，當你看所有人都差不多，沒有分別心，沒有愛恨情仇的時候，你那些緣一點一點就斷了。修行不就是修這個嘛。

有人又說了：「活著有甚麼意思？」這下你看見自己了吧？還是想當凡人，還想體會七情六欲的欲望，強烈的欲望刺激。那還修行什麼呀？看著紅燒肉一下撲上去了，跟紅燒肉有仇，轉回來它再來撲你，你再來撲它，它再吃你，你再吃它，這不就是在不斷的循環、輪迴。你必須從你這兒先斷，但這種斷不是硬斷。不是天天對自己說，我不能吃肉，我是學佛的，我得吃素，我特別想吃紅燒肉，但我不能吃、不能吃……你這叫壓抑，這是絕對不可以的。這樣壓抑、壓抑，壓抑過度之後會有強烈的反彈，到那時候你可就不是人了，就徹底無法控制了。

學佛法不是這樣學，而是知道，跟肉沒關係，跟美女沒關係，不要從這些上面修，外境都是相，不要從相上去修。如果天天對自己說：「我不要看美女，不能看，不能看！」說著說著你就撲上去，這個是不可以的。而一定是從意識上去修，不斷的放下分別、放下分別、放

下⋯⋯然後修兩面性：特別喜歡，覺得這個人特別好的時候，你好好的觀察她一定有另一面，看到她的另一面；當你覺得這件事、這個計畫太好了，但其實世界上沒有所謂太好的計畫，利潤越高的風險越大，越感覺好的計畫越有風險，看到計畫好的時候，也一定要看它的另一面，不斷的找它的風險所在。這個辦法，就是在現實中你不斷放下分別的做法。

當你碰到特別艱難、磨難的時候，要看到這個艱難和磨難的好處。特別是單位給你升職、加薪，欣喜若狂的時候；孩子考上好大學你欣喜若狂的時候，馬上冷靜下來，想一想這些有什麼不好。這就是我們在現實中修煉，不斷的放下意識的具體方法。任何事情都兩面看，形成一整套慣性模式，以前只看一點、一面的模式，即凡人模式，改變成聖人的模式。聖人的模式不是一下就成了聖人，立刻就看到全體，而也是這樣練的，不斷練練練，心就平了。

一真一切真，萬境自如如。如如不動之心，才是真實。那時就能體會到何為「一念不生全體現，六根才動被雲遮」的感覺。其實這就是蘊之與界，對凡夫來講，就在輪迴裏面糾纏；對聖人來講，一下跳出去後，就看透、看明白了。

第二十八章

凡夫見二
智者了達

第一節 | 波瀾壯闊回歸常樂我淨

前面講五蘊十八界，就是說宇宙和人的整體結構、真諦，說明宇宙是怎麼來的。有了人，有了人的受、想、行、識，這樣感知這個宇宙，它才存在。

凡夫見二，見二是什麼？即是把色與受想行識分開了。也就是說，凡夫覺得人是人、物是物、宇宙是宇宙，是割裂的，而不是一體的。「智者了達其性無二，無二之性即是佛性」，是說真正悟了的人，會知道所有的色、色蘊以及受想行識，都是心的感受，色都是心發出來的投影，不是真的。不僅色是心投射出去的，受想行識一樣是心投射出去的，其實它們是一個整體，都是我們菩提自性的一種投射而已，是一種反應投射，都是虛的，包括感受。受、想、行、識其實都是幻相，一切相皆是虛妄。那麼這個相指的不僅是色蘊，不僅是宇宙的萬事萬物都是虛妄，連這個心發出的知覺感受也是虛妄。它是一體就是不二，不二的意思就是來處只有一個，都是一個來處的有多種不同表現形式而已。

我們的心投射出這個宇宙，發出心造了這個世界。然後，我心再造這個識，識又是有生理結構所依賴，就像我的眼根、耳根，即六根對六塵，然後由六識分別它，於是有它的功能、界定、感受，就是一切都是唯心所造、唯識所現。整體都是心的功能，其實來源都是一處，

我們修就要從五蘊十八界往回修。怎麼往回修？五蘊十八界都是心投射出來的，那我們怎麼找這個心，怎麼觀察這個心，怎麼調控這個心？

心，你找不到它，它不生不滅，不垢不淨，不增不減，既盡虛空遍法界，又不存在於任何空間，如何找它？所以，要找心是無法直接找的。怎麼能感知這顆心，怎麼找到這顆心呢？只有從心投射出來的五蘊十八界裏，投射出的這些相裏，從這些看似虛妄、假中含真的幻相裏，去找、去感知。都是幻影、幻相，但是幻相是假，假中含真。

我們這個身體是假，五蘊十八界全是假。但是這個假有沒有意義呢？假也是由真投射出來的，由那顆真心投出來的五蘊十八界。可是我們要找這個真心，直接找是找不到的，只有透過它投出來的五蘊十八界，來找、來感應、來觀察。透過它的投影，回過頭來能夠找到這顆真心，這就叫借假修真。離不開這個假，不能因為五蘊十八界是假，是心投影出來的，我就不去管它。

心，盡虛空遍法界，其中包羅萬象。但是你和你這顆心是什麼狀態，是有漏還是無漏的，是隨機的還是指定的、有針對性的？這個針對性就是從心投影出來的五蘊十八界體現出來。透過這些，我們能夠反觀這顆心，到底它是什麼樣的運作機制，它現在狀態怎麼樣。

比如一個投影機，裏面有隨身碟，裏面有各種訊息、各種電影，每一部電影都是一個人生的發展史。其中有喜劇、有悲劇，有戰爭片、有恐怖片、有科幻片，然後有愛情片、有倫理片，什麼劇情訊息都有。

如果你只是拿著一個隨身碟，想知道裏面有什麼訊息，根本不可能，因為這些訊息，都只是數據，都是01010101，你根本無法明白裏面包含的是什麼。只有透過投影儀把它投射到屏幕上，然後選擇電影，選擇一部喜劇、或悲劇、或恐怖片，然後去播放。隨身碟裏面的內容是透過解碼，再透過投影儀投射出去，投到屏幕上，然後你的人生就在屏幕上開始演繹，從生到死。

也許是部喜劇，你從魯蛇、奴隸變成將軍，變成國王；也許是悲劇，一開始出生在富貴家庭，後面一世貧困。這個屏幕就是我們現實的世界，我的人生、我的命運，其實就是在屏幕上從頭到尾的演繹。這是真實的嗎？現實僅僅是投影，包括我們的人生，我所認知、感知的宇宙其實都是一個投影，都是虛妄。

但是，這個投影的根源在哪裏呢？這個虛妄的屏幕上的人，一生的根源在哪裏？就在投影儀裏的隨身碟中，隨身碟中存儲著訊息又相當於什麼？隨身碟就是我們的阿賴耶識，也就是我們的第八識，裏面包羅萬象，什麼種子都有，什麼訊息都有。我需要什麼人生，想要什麼人生，第八識裏面都有。我在降生之前，調到哪個人生，我這一世就來感受哪個人生。

有人問：「老師，這是誰調的呀？誰來掌握我這一世要過什麼樣的人生呢，是佛菩薩？是地藏王菩薩？是閻王爺？還是上帝啊？」

各位，那些都不是，是你自己。有人不敢相信：「不可能吧，老師，

要是我自己的話，我一定得給我調得我中彩券，調得我要從魯蛇成為將軍，一定調成平平安安的一生，我怎麼可能給自己調得身體生病、感情不幸，既賺不到錢、又進了監獄，怎麼能把自己調成這麼悲慘的一生呢？」其實，我們每個人的人生都是自己選擇的，至於為什麼會選擇這個不一樣的人生呢？那是因為你想經歷。

有人還是不理解的問：「老師，要說我想經歷的話，我應該想世世都當國王啊，世世都享受最好的物質條件，世世都想人民愛戴我，世世幸福、健康、平安啊。」問題在於，就像我們現實生活中一樣，天天吃鮑魚，天天吃海鮮，天天想吃什麼吃什麼，是不是都有吃膩的一天？既然你可以想要什麼就要什麼，你已經經歷一萬世衣來伸手、飯來張口、什麼都有的生活，你還會想再要繼續體驗這樣的生活嗎？會不會想改變一下，嘗試一下吃不上飯是什麼感覺呢？賺不到錢是什麼感覺呢？賺不到你就會想經歷一下，知道了沒有？你已經順順利利、一帆風順的平安一萬世了，你還想再去嘗試這種做什麼成什麼的人生嗎，有意思嗎？你會不會就想嘗試一下，做事有障礙時是什麼樣的感受呢？

仔細想一想是否就是這樣，多少世天天都在幸福中，你覺得那還是幸福嗎？人生的意義在哪裏，具體感受是一方面，但並不是說僅僅感受好。我們真想要的人生是什麼樣的人生？真的只想要一帆風順的人生嗎？如果你真的內心只想要一帆風順的人生，一切都是你的心造

的，你就一定能一直享受一帆風順的人生。但實際問題是，你真的想要嗎？

有人直接回答：「老師，我當然想要。我學佛就是為了平安，就是為了健康、富足，就是為了我一生幸福、一帆風順，不然我為什麼學佛呀？」你想錯了，其實你不是為了這些。你如果真的想要這些的話，你就會有這種平安健康富足的生活了，是你自己安排你的命運，不然你以為是誰給你安排的呀？

打個比方，你買了很貴的票進去遊樂場，有很多的遊樂設施你隨意玩。裏面有很平穩的小火車，一圈一圈在遊樂場周邊轉的那種；還有雲霄飛車，有海盜船，有高空墜落的遊樂設施。你自己想一想，你會選擇什麼遊樂設施玩，會不會選擇平平穩穩的小火車，一圈圈的只在遊樂場裏面轉？也許會，但你坐一圈、兩圈還會繼續嗎？通常小火車上都是小孩，大人多半無奈的陪著小孩登上小火車，無聊的坐在小孩身邊一圈圈的轉。

如果大人自己來選擇，比如你去選擇，基本上沒有例外，都會選驚險刺激的，像雲霄飛車一類的。其實遊樂場就是你的人生，其實進入遊樂場前，你已經想好了，決定了要做什麼、玩什麼遊戲，你才進入遊樂場。你說說有多少人進一趟遊樂場，心甘情願的，一圈圈坐平穩的小火車呢？遊樂場就是人生，那麼一圈圈的小火車就叫一帆風順的人生。其實沒有人會選擇一圈圈平穩的小火車，即是沒有人真正好

不容易當一回人，進了一次遊樂場，甘心只是一帆風順、平淡無奇。

絕大多數的人都會選擇雲霄飛車，選擇跌宕起伏的人生。什麼意思？不要以為你跌宕起伏的人生是別人選的，沒有人替你做這個決定，都是你自己選的。為什麼選現在的人生，因為你就是想體驗，體驗驚險刺激，從低谷到高峰的成就感；想經歷又從高峰再跌入低谷、歷經磨難的感受；然後痛苦到極點時，再奮進、再奮起、再回到高峰，然後再低谷。這就叫跌宕起伏的人生，同時也叫豐富多彩的人生，這樣的人生起伏本身就是精彩，你就是想經歷這些，根本沒有人跟你過不去。

你在這雲霄飛車往上爬坡的時候很緊張，也很有成就感，那麼高。在往下衝落的時候，你會驚呼、害怕和恐懼，再往上的時候又開始緊張、有成就感，如此上上下下不斷的循環、循環。在雲霄飛車再往下衝的時候嚇得你後悔呀，失控的感覺來時，特別的害怕，特別後悔，為什麼要上這個雲霄飛車，看著那個一圈圈的平平穩穩走著的小火車，多羨慕啊。心裡想，「我為什麼要選擇雲霄飛車嚇自己啊？這叫什麼刺激？這刺激不好玩，我要坐那個小火車！我要一圈圈的坐一帆風順的小火車！」然後就看你在雲霄飛車上又嚎、又叫、害怕呀、後悔啊。

然而，當你上下起伏過了之後，從雲霄飛車下來之後，下回再進遊樂場，你還是會選擇刺激的，甚至更刺激的，不會去選擇那個平平穩穩的小火車。為什麼？因為不夠刺激。只有在你最害怕、最恐懼、

最後悔的時候，你才會有一點想去坐小火車的想法。一旦真正再讓你選擇的時候，你還會選擇刺激，還會選擇瘋狂。這就是人，就是你的人生，是你選擇的結果。

所以說「蘊之與界」，所有我選擇的人生都是假，是屏幕上的投影。雖然是假，但是我要藉由這個假，反觀那個真，即反觀我的真心，為什麼我要選擇跌宕起伏的人生。跌宕起伏，同時也代表精彩豐富，也可以叫波瀾壯闊。你的人生是你自己選的，透過從小到大的經歷，一直到你給以後安排所謂的計畫，這都是假。五蘊十八界都是假，但是藉由這個假就能反觀你內心的真，即我為什麼要這麼安排，我到底想要什麼？

你真的想成佛嗎，還是想成魔？事實上很顛覆，絕大多數人內心深處是想成魔。為什麼？魔的狀態是什麼狀態，是偏執對不對？魔的人生是不是波瀾壯闊，追求刺激，任意任性？那不就是魔嗎？所謂想幹什麼就幹什麼，任意妄為。

那麼佛的人生是什麼狀態呢？涅盤，無餘涅盤，常樂我靜。那就是遊樂場裏緩緩行駛的小火車。成佛以後，佛的人生就靜止在那裏了，相對就是靜止。想一想波的狀態，你真的想成佛嗎？

魔的人生是跌宕起伏的人生、波瀾壯闊的人生、瘋狂刺激的人生、任意妄為的人生。偏執、固執、打鬥、衝突、你死我活，這不是魔的人生嗎？佛的人生是與世無爭、清淨無為、波的狀態，看似常樂我靜，

但那是接近於絕對的空和靜，你受得了嗎？一個佛的人生，一個魔的人生，給你選擇，絕大多數人都會選擇魔的人生。為什麼？其實一進遊樂場就明白了。

你在這兒說，老師我要修佛，我要靜下來，我要修禪，我要靜下來，我要讓自己定下來，那都是嘴上在說的，心裏可不是真想要。嘴上想讓自己成佛，想靜下來，想達到涅盤的狀態，但是心裏都想要魔幻的人生。難道不是嗎？不然好好的日子，有一個好老公他愛你、你也愛他，好好過日子，一生就這麼美好的度過就好，折騰什麼呢？老公老婆比著折騰，倆人不就是共業嗎？為什麼呀？

開始剛結婚的時候，覺得幸福，幸福十多年以後，就沒有幸福的感覺了，就覺得無聊、不刺激、沒有新鮮感了。老公是很愛我，但是跟他過一輩子，八十年如一日都這麼過，心有不甘。多數人是不是都這樣想？然後就開始折騰事兒，外面就開始有新鮮、刺激。你到底真想要幸福嗎？如果你真的想要幸福和平安，真的想要這種波瀾不驚的生活，平靜的生活，你就一定會有。否則多麼好的老公最後你就會找事兒、打呀、鬧啊，最後離婚了，離婚以後又這樣痛苦，為什麼？這不就是波瀾起伏的人生嘛。

這才是根，誰想要那種平靜？我們都是嘴上想要，「哎呀，為什麼老天對我這麼不公平啊？為什麼我就是這麼不幸福？為什麼好好的家就這麼散了？為什麼我現在就這麼孤獨？」你向誰去找原因啊，老

天哪裡不公平了？老天最公平。老天如何公平？大道無情。大道無情到什麼程度？道中的眾生，大道、老天誰也不管。你不要說是老天給你安排，你有錢也不用感謝老天，老天沒管你；你沒有幸福、痛苦，也不用罵老天不公平，老天誰也沒管。沒有一個外面的老天，真正的老天就是你自己。每一個人都一定是為你自己的生活而工作，為你自己的人生負責。

大道是無情的，這才是真正最公平的。俗話說大道無情勝有情，老天是最不公平的，同時老天也是最公平的；大道是最無情的，但是同時它也是最公平的。

你的人生自己掌握，自己想怎麼過你就安排怎麼過。我們的人生就是自己安排的，不要以為是別人給你安排的。誰會給你安排呀？那我們學這些的意義在何呢？意義就在於，要學習五蘊十八界和心的本體到底是什麼關係，五蘊十八界就是所有我眼見的、感知的，都是心投射出來的。那麼心怎麼投射出來的，為什麼投射出有的幸福、有的悲慘？我們學習的意義就在於，知道任何安排都是我自己想要的，同時知道我為什麼這麼安排自己的人生。

「我如果現在悲慘得不得了，想賺錢也賺不到，想娶老婆也娶不著，身體又不好，經常碰到意外或者衝突，我的人生簡直悲慘得沒法說。」透過學佛，就會知道這都是假相，這是你演的一部電影。是誰安排你來演這部電影呢？為什麼安排成悲劇呢？其實就是你在來這個

人世之前，自己選擇了這部戲，成為這樣子一部戲的主角，要體驗悲慘的人生是什麼意義。

「我怎麼改變？我現在不要了，我坐雲霄飛車太害怕了，我不想再坐，我也不知道給自己安排活多大歲數，我不想等到七八十歲，我想現在就改變，我不想在這最悲慘的電影裏面，一直扮演這樣一個角色，我體驗得足夠了，不想再體驗了，怎麼辦？我想改成魯蛇逆襲那部，我在最慘的時候，突然碰到貴人，而貴人還有可能是對我一見鍾情的美麗公主，我這個魯蛇一下就變成小王子，我想要改成這部喜劇。」那首先得問你怎麼做？

有人回答：「老師，我又不通佛法，我就在現實中努力、拼搏。」

這就是你想改變你的人生，想改變這部電影主角的人生的方法，你是在現實中不斷的努力。也就意味著你在屏幕上，對著虛影在做文章、在下功夫，要這樣改變電影主角的人生，但想在屏幕上改變可能嗎？不可能吧！你要想改變這部電影主角的人生，只有一個方法，就是回到那個放映的投影機裏換一部片子。如此這個屏幕上放映的、這個人的人生是不是就變了？我把那個投影機裏面的電影選片改了，放映源改了，屏幕上是不是就變成魯蛇逆襲，碰到高貴的公主，一見鍾情於善良的他，而他也一下成為王子，此後倆人過上了幸福的生活。

只有這樣才能改變吧？這也就是佛法一再告訴我們的，其實不管佛法、道法、還是儒學，都在告訴我們不要向外求。外面的只是影子，

五蘊十八界，你在這上面做任何文章，其實都是在影子上、虛影上做文章，沒有意義。你必須得找到它的根源，根源就在於我們說的心。我們的心、阿賴耶識、第八識，裏面什麼種子都有，意味著什麼片子都有。你要進入到阿賴耶識，進入到心，去轉變自己的心，就會轉變自己的命運。投影出來的影像訊息就變了，而這個屏幕就是現實。

第二節 | 假即真時真心現　真亦假時識轉心

怎麼能找到這個心，怎麼去改變這個心呢？我們上次講到五蘊十八界，五蘊裏面色、受、想、行、識，十八界裏包含內六界、外六界、心六界，你要想改變，必須從哪裏下手呢？必須，也只有從識蘊下手，就是從第六識、意識下手。這是心與境，也就是本體這顆心和外面的五蘊十八界的樞紐，必須找到這個識，然後從這兒下手去改變。找到為什麼要這麼安排我自己的人生，我究竟想要什麼人生，這些都是從識上下手。識是什麼？識是心的門衛，它允許什麼進入，心就安排什麼；它屏蔽什麼，心就不安排什麼；它恐懼什麼，心就躲避什麼。所以說由識上下手，就能改變心。

心一改變，阿賴耶識當中，什麼種子都有，我是透過識來改變阿賴耶識裏面的種子，選取我想要的種子。心裏面有成佛的種子，有成菩薩的種子，有成天人的種子，有魯蛇逆襲的種子，有成餓鬼的種子，

有成魔的種子，什麼種子都有，最後如何取捨是由自己的識來決定。

我們掌控不了心，但能掌控識，所有的修行都是在修這個識。最後修成轉識成智，順著這個識去走就是凡夫，掌控這個識那就會生成大智慧，那就是聖人。所以我們就是在學習如何透過五蘊十八界，和本體的心取得聯繫。

我們知道五蘊十八界都是外相，不管是內六界、外六界還是心六界，都是外相投射、投影。我們要把這個本性、本體和外境之間的關係掌握好，其實都是一回事，假即是真，它也是真心投射出來的。真亦是假，你不能把它當真，把它當真它就改變不了啦。

一本書已經成形，你怎麼改變它，除非你把它撕碎，用火把它燒掉，讓它再轉成其他的形。所以，你對物質，即所謂的客觀存在，只能用超過它凝聚力的力去分解它，只此一條路。但是如果它不是一個客觀存在，僅僅是一種感受，或者僅僅是我在中樞神經的受、想而來的，之後我才有行，才有對它的各種滯礙。

我的眼睛只能看見書的這一面，我的耳朵只能聽見它的聲音，這叫行。我的觸覺能碰到它，它障礙我的手。滯礙是怎麼來的？滯礙不是說書遮蔽、擋住我的手，不讓我的手過去，書是虛的，手是虛的，正常來講，手直接就穿過去了。書是影子，手也是影子，不應該穿不過去，更不應該一打書手還痛，這一切都是假相，都是假，我們聽到的聲音都是假的。有人不明白：「老師，是假的？我怎麼真聽見聲音

了？」其實這是你生生世世以來配合的結果。互相一碰到以後得有觸感、有疼的感覺，然後能聽見聲音，越用力越痛、越有聲音，這樣顯著真實，記住這叫「顯著真實」。

這都是生生世世配合而來的，我們破就破這個虛相，破這個假相，如果這些不是真實存在的，只是一種知覺感受，或者只是在我腦中成的象，有敲的聲音，有觸碰的這種觸感，那想改變它就很容易。

你如果把現實當成真的，現實就是真的，你很難改變。但是當我晚上做夢的時候，就發現一切都能改變。為什麼？我們說現實是虛幻的、是虛妄的，那夢是不是虛幻的、虛妄的？既然都是虛妄的，為什麼夢就那麼容易改變，現實就無法改變呢？其實，就是因為你頑固的認同現實無法改變，現實必須在物理規則下才能改變，所以現實才很難改變。

想掌控自己的命運，可我的命運並不是掌控在我的手裏，我要不要幸福，我能不能賺錢？我這個計畫談成，才能賺錢，我還得碰到好的合作夥伴，碰到好的計畫，然後我再努力爭取、競爭，最後我得到計畫、賺到錢，這才是我應該拿到的錢。但在夢中發財很容易，我想要錢，推開一道山洞的門，一看裏面全是寶藏，全是我的，我往外搬就好，醒了以後發現原來是夢啊，這就是所謂的黃粱一夢。

你的現實不是夢嗎？因為你不相信現實也是夢，你就覺得現實是客觀的，現實必須得符合物理規則，所以你有那麼多的觀念、思維和

知見形成固定的思維模式。你就是這麼認同，而認同以後現實就把你局限了。其實本沒有人局限你，是你自己把自己局限了。因此你的現實很難改變，你就執著於外境，已經失去自己的本體和本心。執著於外境的時候，發現幸福不是你決定的，而是你老公和你一起決定的。

這些年，好多人到我這裏來做個案諮詢，很多涉及夫妻關係的諮詢，都是如此。

諮詢者問：「我們夫妻兩人的關係想再和好如初，可能嗎？」

我說：「當然可能了。」

諮詢者說：「老師，但是我老公不來您這裏呀，他不來改變，只有我自己改變，他不變行嗎？是他不想要我了，那我改變有用嗎？我是一直想跟他和好的，是他不想跟我和好，是不是得把他叫來才行啊，但是他也不來呀……」

我說：「不需要他來，你變了，你老公就變。」

諮詢者說：「老師您搞錯了，不是我變，我本來就真想跟他好好過日子。」

我說：「那是你嘴上想，你心裏怎麼想的呢？好吧，我們來體驗一下，進入你的內心看一看。」

於是我帶她進入內心，讓她自己一看，就知道了。原來是她不想要她老公，而她老公還想辦法要跟她親近，想要回來。然而，當她認

為是她老公不想要她，她自己的意識根本不知道，其實她內心是在排斥她老公的。現實中呈現出來的好像就是她老公不要她，其實一看她的內心世界正好相反，把她內心的想法改變以後，她老公自然就回來。這種事情我們在諮詢時比比皆是，處理了太多現實中的夫妻關係。

這就是如何運用佛法，能讓人想幸福就來幸福。什麼叫真，什麼叫假？如果現實的世界叫真，那就別改了，很難改。你想要砸碎石頭，你必須得有強大的衝擊力量才能砸碎。但在夢中的，我們一伸指頭石頭就碎，輕輕的、不經意間就拍碎一個大石頭。

有人說：「老師，那不是在夢裏嗎？夢裏是假的呀！」錯了！五蘊十八界都是假，都是心投射出來的，是你認為是真它才是真。

又有人問：「老師，只要我認為石頭一揮手就碎，是不是一揮手它就真碎了？」這個問題你如何回答呢？

他回答：「老師，當然不行啊，我真一巴掌拍過去，手會很疼的。」那是你頭腦認為的，還是你的心真那麼認為呢？為什麼在夢中，你能一巴掌打過去，石頭就粉碎了呢？或者一巴掌就把石頭打到 3 公里以外去了。

他會解釋說：「老師，那是在夢中。」其實這就可以看到了，他還是固執於夢中是什麼都可以的，而現實中是什麼都不可以的。

所以我們為什麼要修禪呢？修禪，什麼叫禪？禪又叫禪衲，而我

們現在只用一個禪字，都是什麼意思呢？天天說修禪，怎麼可以不知道禪是什麼意思。禪，包含兩方面的意思：第一叫思維修，第二叫靜律。修禪，其實我們就修這兩方面。首先修思維，前面講了很多，就是告訴大家宇宙的真相是什麼，是什麼屏蔽你，是什麼控制你，你受什麼左右，受什麼約束。其實，外界沒有什麼約束你，沒有什麼物理規則，那些都是你認為的。就好像我吸了霧霾，肺就一定不好。這是你認為，當你真的認同時，吸了霧霾，你的肺真就不好了。

是先有思維才有結果，還是先有結果才有思維呢？這個問題要清楚，永遠都是你先認同什麼，你的世界就是什麼；你認同什麼，你的人生就是什麼。為什麼？現實就是一個假相，現實就是一場夢。但是，你不認為現實是夢，你認同的現實就不是夢，就是你的世界裡實實在在存在的真實。然後你就會認同那些物理規則，認同那些醫學定論，就按照那些去走去做，你就是一個凡人。風吹到你，就受風寒，因為衣服穿少了，就想一定得感冒，然後你就真的感冒了！

有人會解釋：「老師，不是的，我沒想感冒，是風吹了以後，我才想到風吹到我，受風了、受寒了，我才感冒的。」你錯了，如果你心中沒有一個「風吹到就受寒就會感冒」這個概念，風再怎麼吹你，你也不會感冒。

不相信啊：「老師，怎麼可能呢？」那我換一個說法表達，風吹到一萬個人，是不是所有人都受寒，這一萬個人全感冒？絕對不會！

寒風吹過來，這一萬個人可能都覺得冷，只有什麼樣的人會感冒呢？就是受到那種養生思維影響的人，特別容易感冒，被風吹到一感覺到寒，馬上認為自己得感冒了。

不懂這些養生思維的，認為風寒和感冒根本就沒有任何聯繫、關係，切斷這個關係的，風吹就吹，和感冒根本就不掛鉤。還有的人一寒就跟鼻炎掛鉤，有的人跟腳氣掛鉤，有的人跟皮膚癬掛鉤。你跟什麼掛鉤，感受到風寒以後就呈現什麼，呈現機率就特別大，這就叫思維。思維是建立在觀念和知見上的，一旦形成了固有的觀念和知見，就在你心裏面形成思維定勢。思維定勢形成以後，你就在安排你的人生了，其實就是這個道理。所以說我們修禪定，並不是說禪定就是打坐。那為什麼打坐呢？

有人說打坐修的是一個「靜」，難道我靜下來，我的觀念就能變嗎？我認同的就能不認同了？完全不是一回事。所以，我們修的時候一定要知道到底在修什麼。首先要從思維上修，什麼影響我的思維模式呢？我的知見和觀念影響我的思維模式，所以要改變我的思維，就得從我的知見和觀念上改。我的知見和觀念怎麼改呢？用什麼方式改？向什麼方向改？那我首先得知道宇宙自然的真諦。我知道真相、真諦以後，才能有個正確的方向去改變我的人生，改變我的知見和觀念。

什麼叫真諦？就像我們前面講的，心與五蘊十八界的關係、心與外境的關係、心與我的人生的關係，就相當於投影機和屏幕的關係。我的人生、現實世界、物質世界都是虛像，是投影機投出的影子，是虛的假的。投出的影子包含兩個世界，一個世界是所謂現實的世界，就是清醒的世界，這是投影的一半；另一半，是我們好像睡著的那個世界，叫夢中的世界，那也是我的心投出來的。我們的人生是有兩個境界組成的，可不是說都是清醒的。很多人都認為，我們的人生就是醒著的時候的人生，其實不是的。

我們的人生是由兩部分組成的，清醒的時候和不清醒的時候。凡夫只能看到一部分，所以凡夫的人生是不完整的。這兩部分人生之中，所謂活著的時候，現實中清醒的時候，我的人生是這樣安排的，也即意識範圍內是這樣安排。

有人說：「老師，我睡著以後，夢境都是隨機，都是無厘頭，都是特別荒謬，沒有任何意義啊。」

不！你不瞭解真相，所以你是凡夫。你的人生就是碎片，不是整體，因為你不明真相。你以為我清醒著，這才是我的人生。但是你的另一半人生，是不是就忽視了。其實我們老祖宗的智慧早就已經告訴我們，真正的修行是什麼。我們發現一個現象，「覺」的繁體字、正

體字是這樣寫。這個字念睡覺的覺，同時也念覺醒的覺，在這兩個詞中是同一個字。那你想這是什麼意義？老祖宗為什麼把睡覺和覺醒，這完全不同的兩個狀態、兩個對立的狀態，用一個字來表現呢？

修行都叫覺醒，同時這也是睡覺的覺字。睡覺是不是與昏過去一樣，沒有意識。你以為修行是什麼？你能在夢中醒過來嗎？修行真正修的不是這個現實世界，我們應該有兩個世界才是完整的世界。現實世界就是碎片，是一種投射，其實我們還有另一半世界，但凡人根本不知道。

「覺」繁體字是這麼寫的，上半部分的兩邊是兩隻手。這兩隻手在幹什麼呢？中間是個「爻」字，通常我們會說「卦爻、爻變」。上半部分就是指，兩隻手在研究爻變，在玩味卦爻、卦象。這表達出什麼意思呢？「爻」代表規律，我們祖先都是從《易經》上來認識宇宙的真相，掌握宇宙的規律。

這個「覺」字，上面是兩隻手在玩味卦爻，這是指在研究規律，下面是一個「見」字，中間這是家的意思，對不對啊？在「家」「見」到，研究自然發展的趨勢和規律，透過爻變、卦象來掌握這個規律，從中所見的就是這個覺（jiao），同時也叫覺（jue）。這個字裏有很大的深意，好好解解這個字，其實所有修行的奧祕全都在這裏。在這裏只是稍微的點一點，就是要提示一下我們知道，我們不要太片面，五蘊十八界其實都是投影，但投影也包含整體和碎片，而我們基本都

在關注碎片，很難關注到整體。

我們人生有兩部分：一部分是清醒的，一部分在睡覺，即不清醒的。其實我們只關注一部分，把所有的注意力、所有的關注點全都放在清醒的一部分上。我們天天想著要改變清醒的這一部分，以為這就是我們的命運，就是我們命運的全部，其實你錯了。

真正的聖人，真正的修道之人，修的可不僅僅是清醒的這一部分。要想改變清醒的部分，不是在現實中清醒的時候去改變就能改變的。為什麼？在思維方面，你給自己的束縛太多，你認為清醒的時候，就是你有意識的時候，那就等於你的所有知見、理念、觀念、你認同的東西，如物理規則等，就把你自己完全束縛住了。比如，相信七年之癢一定會發生，認為結婚七年之後夫妻關係會不好，很多都會離婚，如果你相信、認同這一點，你的婚姻到了七年時就得是這樣。這就叫思維，思維模式認同什麼，就決定你的命運是什麼。還是那句話，不要以為自己的命運是別的什麼人決定的，外面沒有誰能決定你的命運。

修行，一定是向內修，都是改變自我。如果覺得自己的人生很悲慘，你就好好的去向自己的內心深挖，先從思維上修，然後才從靜和慮上修。當你掌握這個真諦，知道這些方法了，才能有正思維，才能有正念，才能正定，最終才能實現正命。

我們為什麼要學佛，首先就是要改變我的人生。怎麼改變？不是讓我的人生就變成一帆風順，不只是讓我人生富有、富足、平安，因

為這不一定就是你想要的，而只是你口頭上想要的。那我們真正學佛的意義在何呢？我想要波瀾壯闊的人生，我就走向波瀾壯闊的人生；我想安排精彩絕倫的人生，我就安排；雖然有的時候歷經磨難，但我知道這是我想要的，都是我自己安排的。這個時候再歷經磨難，你的心態可就不一樣了。你被關到監獄裏，你知道那是你安排的，你就是要體會監獄裏的感受。任何時候都有其意義所在，你都要體會，從中磨練，增益其所不能。知道要練自己，那可就不一樣了，你的人生可能沒變，甚至比以前更坎坷、悲慘，但是都在你的掌控之下，都有你安排的意義所在，這一點更要清楚。

所以我們想要學佛，不僅僅是求圓滿。我們平時說的圓滿，其實就是一定要一帆風順、非常富有、非常幸福、非常健康、非常平安。其實錯了，那不叫圓滿，而叫完美、叫純白。真正的圓滿是什麼？太極才是真正的圓滿。所以，對於圓滿我們千萬不要理解錯。現在99.999%的修行人，覺得修行圓滿，就是上西方極樂世界，西方極樂世界永遠光明，阿彌陀佛天天講法，在那兒修行：「一點逆緣也沒有，全是順緣。一帆風順，想吃東西的時候要啥來啥，坐在蓮花裏面想什麼就實現什麼，外面都是寶石、黃金鋪地，樹都是七寶樹，水都是八功德水，阿彌陀佛天天的關注著我，愛撫著我，這就叫圓滿。」放下吧！那是魔。如此，你就把圓滿當成純白了。真正的圓滿是什麼？是既有完美又有不完美，如太極中有黑有白，平衡了才叫圓滿。

這方面一定要清楚，所以我們前面用了很大的篇幅來講善惡，講修行到底要修到什麼狀態。然後我們再說黑白，再說清醒和睡覺的兩個狀態，白就是清醒狀態，你以為這是你人生的全部嗎？是不是應該還有一半呀，也就是黑呀！黑白合起來才是你人生的全部，這兩樣又相互制約、相互影響，缺一不可。結果，你就在乎清醒的一半，另一半就荒廢了，你的人生就荒廢一半。你醒不過來，醒從哪裏來？醒從覺（jiao）中來。

有人問：「老師，我睡著了怎麼辦啊？」睡著了怎麼辦，這就是密修的部分。我在這裏給大家講這個理，首先要知道這個理，古人還能明白一些，很多人都在向著這個方向去修。可是現代中國人都不通理了，為什麼？因為正體字已經不存在了，「覺」這個字現在已經不存在，現在這個字怎麼寫？現在睡覺的「覺」是不是這麼寫，「觉」字上面三個毛，這是什麼意思呢？這個字的本意都失去了，繁體字「覺」上面兩隻手在玩味卦爻，研究宇宙自然的規律，而現在簡化成什麼意思呢？這還怎麼能覺醒啊？

寫到此處，不得不多講幾句，看這些簡體字可恨不！現在的學生，為什麼透過學習都掌握不了宇宙自然的規律，甚至都不知道在學什麼，都那麼迷茫是為什麼？「學」字怎麼寫？這是正體字、繁體字的「學」。而現在的「学」字，上面又是三根毛。繁體字「學」，是指孩子在家中，兩隻手研究爻變，把玩爻卦。這就在從《易經》中從卦象上，瞭解字

宙自然的規律。家裏面有一個孩子正在學自然的規律，在學《易經》的卦象，這才是學之正路吧。現在變成三根毛了，學什麼、怎麼學？

這就是簡體字，恨人不恨人啊！把本意全都給所謂的簡化掉，都沒有了。所以，現在孩子都沒有方向，天天拿著手機，拿著 iPad 打遊戲，根本就沒有方向去學習。為什麼？連字都不認識，字的核心本意都被去掉，可恨啊！簡體字是陰謀，簡體字、白話文就是對華夏文明的巨大陰謀。

有人就是想要滅絕我們的文字。從滅絕文字、文言文開始，我們中國的文化、中華的文明就會被滅絕。民國初期有些人，所謂的學者，痛恨中國文化，痛恨中國的文字，痛恨老祖宗留下來幾千年的文字，要取締它。甚至曾經說過一句話：「中國的文字如果不滅，中國就得亡。」這對中國文化、文字恨到什麼程度。那時候就開始研究拼音文字，最後就想把中國的文字變成拉丁文字，變成拼音文字。那樣中國的文化真就亡了，我們的古籍，未來再也沒有人能看懂，就變成考古學研究的對象了。這是巨大的陰謀！

講解覺字和學字，其實也是在告訴我們，為什麼要講五蘊十八界？心和外境、和感受之間的關係，我們一定要清楚，這是真相。在清楚真相的前提下，我們修正知見、觀念，修正我們的思維，這就是禪。這是我們修禪，在思維方面修，再繼續修……同時我們又要在我們的體悟上來感悟。

僅修思維還不行，這只是修理、修知見，這叫前提，我們還必須得要感悟。怎麼能感悟到宇宙的真諦，感悟到宇宙發展的規律，必須得透過「靜慮」。這就是更深的一個層面，你真正自己感悟到的宇宙自然的規律，那才真是自己的東西，你的境界才真的提升上去。很多東西是用言語描述不了的，即所謂「言語道斷，心行處滅」。話一說出來，道就斷了；心一動，真東西就沒了。所以不僅僅修思維，同時還得修靜慮，修靜慮就是修定、修止。修定的狀態，最後就能達到一個境界：一念不生全體現。

　　一念不生全體現，這就是定境。定境的意義，並不是說進入三昧定境以後，就突然大徹大悟、通天徹地了，絕不是那個意思。定境的意思，就是我定下來的時候，才能看到任何人事物的整體全貌。所以要修禪，我們也得知道什麼是修禪？修禪不是僅有一類內容，修禪有五類禪，又叫五味禪。哪五類呢？第一類是凡夫禪，第二類是外道禪，第三類是小乘禪，第四類是大乘禪，第五類是最上乘禪。對於五類禪，我們要知道從哪一類起修。

　　凡夫禪，是從身體上修，即從色身上修，諸如意守丹田、大小周天、靜坐冥想，自己得到身體的輕安，疾病就能減輕下來，病就好了。這是在色身上修的，所以叫凡夫禪。現在市面很大一批人都在修凡夫禪，即是在色身上修，意守丹田、激活松果體、大小周天等等什麼……這些都屬於凡夫禪。這是修不成的，在色身上是修不出來的。借假修

的是真，而上面這叫借假修假，那是修不出來的。

外道禪是什麼？就像印度佛教、密宗修本尊。印度講求人和大梵天合一；西方講信耶穌上帝，我要跟上帝合體；密宗修本尊法，本尊法就是跟本尊合體，然後修神，是外面有個神，天天求外面那個神。所以，覺得外面有神的，就叫外道禪。他不是向內心求，而是向外去求。也就是，比如外面有護法、有本尊，想去求護法，要去修本尊，這個並沒有錯，但是這不是根本，一定要清楚，這叫外道禪。在此並不是論對錯的問題，只是在說禪修的幾種類型。我們修的是向內心去求，那小乘禪、大乘禪、最上乘禪，這些以後有機會再詳細講。

為什麼要修禪，怎麼修禪？禪就是要知道本體心與五蘊十八界的境、即外境之間的關係。修禪其實就是在修整體性。所以說「凡夫見二」，凡夫給他分開了，認為境就是境，五蘊「色受想行識」是分開的，十八界中內六界、外六界、心六界是分開的，這就是凡夫，即使知道這個理，也是凡夫。智者怎麼樣，通達一切，通達一切都是一，都是一回事。內即是外，外即是內，真即是假，假即是真，本體即是投射，投射呈現的也是本體。這就叫「智者了達其性無二，無二之性，即是佛性」。所以說，我們在修的就是內外、表裏、上下、黑白。

剛才為什麼講了半天睡覺啊？想一想你認識的人生是不是只有一半呢。真正的修是什麼呀？是整合。什麼叫了然？什麼叫一真一切真？什麼叫凡夫見二，智者見一？我們分別出有黑夜、白天；有覺醒、清

醒的時候，有睡覺、睡著的時候。兩個字，一個是覺，後面另一個是醒，這叫覺醒。但是不能就只有一個醒字啊！我們現在不就只是在修一個醒嗎？那我的另一半呢？如此我們是不是又在見二啊？這也就是凡夫見二。我睡著了，沒辦法；清醒了，就可以做事了。我的人生是清醒了才開始的，睡著的時候就沒有人生了，那你這就是凡夫！

心是本體，外面所有的五蘊十八界叫境。認為本體就是本體，境就是境，兩者是分開的，我就盯著境去調整，心就不知道了。這即是盯著清醒的那一半的人生，睡著的那個看不見的、隱藏的人生，就不看了。理解我的意思嗎？我們所謂的修都在修碎片。我看到的境，比如老公跟我的閨蜜跑了，這是五蘊十八界裏的，我的感受都在這裏，就盯著這些。那心呢？就忘了，就不管了，但是其實根都在這裏。你在外境上再怎麼努力下功夫，心不變，境還是不變。

所以，就這一句話「蘊之與界，凡夫見二，智者了達其性無二，無二之性，即是佛性」，看我們講解了多少內容？所以說，修行、修禪定，修的就是一，修的就是整合，修的就是這句話，還有什麼呢？先從思維上修，然後從靜和慮上去體悟，這就是修行。最終目的是什麼？掌控我的人生，掌控我的生死，一切盡在我的掌控之中。

我可以感受人生，但是必須在我的掌控之中去感受。現在你能掌控人生嗎？你覺得清醒的時候是你掌控著，那睡著時呢，誰掌控你，你掌控誰？你的一半人生都沒在你的掌控下。而我在此告訴你的是，

清醒的人生和睡著的人生，這兩者合起來就叫覺醒。我們修什麼，一半是覺，一半是醒，合起來就是覺醒啊，修的是兩部分的整合。

有人問：「哦，明白了！但是，睡著的人生我怎麼掌控啊？」這需要方法，是密修部分。你掌控不了你睡著的人生，想掌控你清醒的人生也不可能。為什麼？清醒的人生，就是在睡著的人生中掌控著，睡著的人生又受清醒的人生影響，這裏面都是有連帶關係的。迷人即是指睡著時你是迷的，你不清醒；而清醒的時候，你認為你清醒，其實你還是迷的，這就叫迷人。

第二十九章

某甲講經猶如瓦礫

仁者論義猶如真金

　　印宗聽到這個地方，其實就聽見一句話，「蘊之與界，凡夫見二」，就只聽見這一句話，並沒聽到很多。六祖惠能跟印宗一說「蘊之與界」，對於印宗來說理解是很簡單的，因為畢竟是專業的修行人，五蘊、十八界這些宇宙的真諦，作為印宗這種方丈住持來講，都是必須明白的術語。然而，這些術語、真諦現代人都不明白了，前面講述了這麼多，是在給大家普及五蘊十八界，這些最基本的知識。但是，惠能那個時候的方丈對我前面講的內容都很清楚，只是還有一層窗戶紙，不點不破，也就是他理解的程度不一樣而已。

　　而我們現在的人，聽到這些全都是第一次，根本不知道這些術語是什麼意思、代表什麼。現代人其實很蠢！根本就與智慧，即我們老祖宗留給我們的智慧和文明相距太遠。所以，需要用這麼多的篇幅來講「蘊、界」這兩個字。包括現在的和尚都不掌握這些，也不修行了。但是這些基本知識印宗都有。

　　因此，【印宗聞說，歡喜合掌】，聽明白了，馬上就說，【言：「某甲講經，猶如瓦礫；仁者論義，猶如真金。」】某甲，印宗並不說出是誰，說了不都有指向性嗎？那不得罪人嗎？但是，其實說某甲得罪的更多吧，兩個字基本上將其他的全都給否定了，某甲的意思就是除了你之外全是瓦礫。仁者論義，只有你在論義。

你看他前面用的是講經，後面用的是論義，這是有區別的。講經是指什麼？講經說法是在文字上講說。猶如瓦礫，是指講得再天花亂墜也沒有用。仁者論義，六祖你所講的，不是僅把經上的文字闡述出來，而是把其中真實的含義顯露出來、呈現出來。猶如真金，這才是真東西啊！所以，印宗人家一聽就知道是真東西，為什麼他就能有這麼深的感悟、感應呢？因為他一直在研究《涅槃經》，而六祖惠能點出來的，就是《涅槃經》的精髓。印宗已經研究幾十年《涅槃經》了，所以在這個基礎上、前提下，才能出現一句話點過去，「啪」的一下就給他打開、打通了。如果他研究的是《阿彌陀經》，六祖惠能點《涅槃經》，印宗根本就不清楚，也就打不開。所以六祖是隨緣教化，隨機應變，看見什麼人，就說什麼話，講什麼內容。

　　就像觀音菩薩三十二應身、三十二變化，祂有時候也變成屠夫相，以屠夫相來度你；有時候變成妓女，以妓女相來度你；有時候變成流浪漢的相來度你，就是什麼適合度你，祂就變成什麼。所以佛菩薩廣大，何為廣大？就是萬有，什麼都有，不拘一格，隨緣應化、隨緣教化。所以，六祖惠能一下就打到印宗的心裏了。

　　【於是為惠能剃髮，願事為師。】惠能到現在才真正的剃髮出家，在此之前都是百姓的身分。從此時開始，六祖惠能才是佛門高僧。但是我們也知道，六祖惠能並不在乎這個形式。他不是高僧的時候，不是和尚的時候，其實就已經修成了。所以，修成與不修成，跟你的身

分如何、是否身披袈裟沒有關係，那些是形式的東西。

　　但是他為什麼又要在這兒讓印宗為他剃髮呢？還是為了方便說法。身披袈裟，是和尚高僧，大家才信，還都是為方便他的度化。如果他就是一個砍柴的，連工作都沒有，誰會信他？但是，他之後坐在寺廟中傳法，而寺廟都是哪些人去呢？都是求正法、嚮往正法的人，想心靈有所昇華的人才去到寺廟。所以，寺廟是一個道場。總不能六祖惠能就在街邊找個地方一坐，然後說給人們講法。人都會說這是瘋子！可是在寺廟，身披袈裟，作為高僧大德一上坐，所有的人都可以來學習、來聽法。所以，剃髮出家只是表一個相。這個形本身不重要，因為沒有這個形的時候，人家一樣該徹悟時已經徹悟，該修行時修行一點都不耽誤。

　　「願事為師」。你看，印宗此人非常豁達，不嫉妒、不小氣。為求法，甘居人下。所以印宗也是六祖惠能的貴人，這即是說佛菩薩應世也得有護法，而印宗就是六祖惠能的大護法。那麼，有出世間護法，護的是法；現世中也得有世間的護法，護持大德講經說法，守護大德不會天天為柴米油鹽的瑣事操心。像印宗即為出世間的護法，護的是正法，讓大家信惠能。我印宗是方丈，我都拜他為師，你們誰還能个信呢？用自己的身分地位，來護持六祖惠能傳法。

　　所以，六祖惠能才有後面的發展。這個寺廟，當時是個很小的廟，他講經說法幾年之後，全國各地、南南北北來的人很多，沒地方住，

所以當地又有姓陳的一個居士，把好大的一塊地贈給了惠能，現在的曹溪南華寺，就是在陳居士捐贈的地上建造的。陳居士也是功德無量，這個就是現世中的護法。

其實都得俱全，世間的護法、出世間的護法俱全以後，大德、佛菩薩講法的緣才會真正的成熟。所以，不僅僅得是上上根，還必須緣、福、慧三者都得具足，法才能落地傳授。

有人問：「什麼是上上根呢？老師天天講上上根，我怎麼覺得我就是上上根呢？我怎麼覺得別人都是下下根呢？」上上根是有標準的，你覺得你是上上根，但是如果你僅是覺得老師講的東西都聽明白了，那還不行。任何學生聽我講課的時候，都覺得自己明白了，但是出去用的時候，根本就用不了。為什麼？因為你就不是上上根。什麼叫上上根？上上根那是五根純熟。

信進念定慧，五根純熟才叫上上根。首先，是信根；第二，精進根；第三，正念根；第四，正定根；第五，正慧根。完整具備五根純熟才叫上上根，能做到福德，即「福報功德」相對都很圓滿，這樣障礙才少。真的聞正法即信，心中信心一下就起來，就具備了信根；信了以後，聞說正法，堅定的刻苦修行，就具備精進根；當你學到禪定的正法，就能每天從正念、正思維起修，就具備正念根，亦即修思維；然後又能從靜慮上，不於境上生心，不於念上生念，去修一個定，就具備正定根；然後，自會智慧常常升起，不偏執，所知障很弱，智慧即一看

問題就是整體性，就是客觀兩面，如此正慧根也得成熟。這五根都純熟，才是上上根。

五根成熟，缺一不可，看看你自己具備幾個？信根有沒有，精進根有沒有，正念根有沒有，正定根有沒有，正慧根有沒有？看清這五根，那你就明白自己是不是上上根了？或者是中根、下根？所謂下根，就是五個中一個都沒有。能具備兩個、三個叫中根。要知道差在哪兒？而差的那些得一點一點練。如果差慧根，要知道為什麼差慧根？所知障、偏執，太邏輯性，就沒有智慧了。知道那就練破所知障、練放下偏執、練……如果差正念根，那就還是知見、觀念不符合正念，也得繼續練。

有人說：「老師，是因為我以前沒學習過。」不是因為你沒學習過，而是你業重，把你障住了，你才偏執、才固執的。其實是你學的太多，而不是沒學習過，就是你學的那些沒用的東西、假的東西、邪的東西太多了，才把你的正念、正定和正慧遮蔽住。這不是學習少的問題，更不是沒學習的問題，就是五福、五根不成熟。福慧雙全，再加上緣，這才是上上根、得正法的前提。

自此，六祖剃度，當了住持。也就是印宗把住持、方丈的位置讓給惠能，甘願做他的徒弟。【惠能遂於菩提樹下，開東山法門。】為什麼叫東山法門？因為惠能延續著五祖弘忍開創的東山法門。五祖弘忍在湖北的黃梅，黃梅山是在縣城的東面，也叫東山。所以，五祖弘

忍開創的法門叫做東山法門。六祖惠能雖然在廣州，但是為延續他師父的法脈，所以也叫東山法門。

第二節｜解悟行悟缺一不可　大澈大悟澈底轉變

【「惠能於東山得法，辛苦受盡，命似懸絲。」】說在東山得法，就是在黃梅山黃梅寺，得法以後辛苦受盡，十幾年受盡磨難。每天都有人尋找他、追殺他，命似懸絲，因為他懷揣重寶。

【「今日得與史君官僚僧尼道俗同此一會，莫非累劫之緣，亦是過去生中供養諸佛，同種善根，方始得聞如上頓教得法之因。」】這個時候能開始廣傳佛法之正法，本就是累劫的緣分。能夠趕上真佛出世，又能有緣真正聽聞正法的，都不是一般的緣。像史君、官僚、僧尼道俗這些人，不管是什麼樣的身分，都是過去生中供養無數的諸佛，他們也是善根純熟，才能夠聽得到這頓教法門，所以這都不是一般的機緣。

【「教是先聖所傳，不是惠能自智。」】這個交代其實非常重要。惠能不是大徹大悟了嗎，那他悟到的佛法是他自己的嗎？其實不然。他著重強調一下這句話的意思是，他悟到的是先聖的真義，不是他自己的東西，是先聖所傳，他只是把它領悟出來了。「不是惠能自智」，不是因為我惠能自己多麼有智慧，所以我來講經說法，把我自己的一

套真諦告訴大家。如果是這樣，那就不叫悟，自己感覺好像證悟了，但所得到的都是自己的東西，那就根本不叫悟。

那什麼叫悟呢？悟是有層次的，我們以前都是籠統的講「我悟了」，但其實悟也是有標準的，悟分為內三悟、外三悟。內三悟是小悟、大悟、大徹大悟；外三悟是解悟、行悟、證悟，所以悟共分六種。但是，不管哪一種悟，悟到的都不是自己的東西，都是先聖傳下來的，真正悟到的是這個。

小悟就是局部的小感應、小體悟。我們在聽課的時候，或者我們在打坐的時候，有的時候突然心有所動，然後突然一下感覺悟到了，那就叫小悟、局部的小悟。

大悟，就是對自己身心影響比較大，悟以後馬上行為舉止、習性就變了，這是大悟。

大徹大悟即是究竟，相當於已經成佛，所以一般人不可以講大徹大悟。大徹那就是究竟，那就無漏了。大徹大悟是佛境界，就像釋迦牟尼佛在菩提樹下睹明星而徹悟，那是大徹大悟。

到後來就沒有大徹大悟了，包括六祖惠能，他是聽《金剛經》「應無所住而生其心」一下悟了。但是你看六祖惠能悟了好幾回，還在砍柴的時候，給人送柴時聽人一念「菩提自性本來清淨」，忽然心有所悟，然後來五祖講到「應無所住而生其心」時忽然有所悟。他這些悟

都叫大悟，但是不可以叫大徹大悟，他後來又經過十幾年的磨練、磨難，然後才開始出來講經說法。那麼我們可以說，六祖惠能也許在獵人隊這十幾年的磨難過程中，在某個場景中一下大徹大悟，這是有可能的，但是他並沒有交代。

一般來講，真正得道的人，必得有一個大徹大悟的過程，那就是徹底的轉變。只有經過那個大徹大悟的狀態，才有可能一下從凡人真的成為聖人，完全脫離凡人的模式。這可是不簡單的，凡人模式可不那麼容易脫掉。

但是，如果沒有經過大徹大悟的過程，就還是個凡人。說出的話就是對立，就是著兩邊，就是極端。你的模式沒變，思維模式沒變，行為模式沒變，你就根本沒有徹悟，就是凡人一個。你哪怕有無數次的小悟，有無數次的大悟，你還是凡人。你的整個行為模式、習慣、思維模式沒有變，或者沒有徹底的變，就是凡人。凡人就是凡人，聖人就是聖人，不可能說一個人時凡時聖，到達那個境界你就下不來了，但沒到那個境界時就是很難上去。

所以一般來講，大徹大悟都是經過了無數次的小悟和很多次的大悟，最後在一個特殊機緣的狀態下，即我們之前所說的五根成熟，信進念定慧五善根成熟時，亦即是緣、福、慧具足時，才有可能在某個機緣的狀態下，一下大徹大悟，徹底改變，所以這都是有前提的。

剛剛講到，悟的外三悟是：解悟、行悟、證悟。解悟是什麼意思呢？

解就是講解、理解。解悟是怎麼產生的呢？就是在講經說法的過程中，或者在聽課的過程中，對經文字面的理解突然一下悟了，或者跟老師說我懂了、悟了，這就叫解悟。但是解悟還有一個前提，你只是懂不行，懂並不是悟。這個解字是指懂了，這不叫悟。悟是我既懂了，又有改變，這叫解悟。多數的人都是懂了但不變，聽老師講經說法歡心雀躍，聽法師講法就好像吃蜂蜜一樣甜，好像醍醐灌頂一樣的感覺，但這叫解，即理解、瞭解，這不叫悟，悟是瞭解以後行為真的改變了，我的言行舉止，我的靜默觀察，我的起心動念，我的行為模式、思維模式，我的舊習性都變了。

比如，我本來的模式是話很多，要表達自己，生怕別人不知道我的存在，這是一種模式，話太多是一種躁，即內心有恐懼，害怕不能隨時把自己的優秀表現出來。但是，聽老師講經以後一下瞭解，原來靜默才是真正智慧要流露的前提，靜不下來、默不下來，你的智慧就流不出來；天天不停的說，你的心全在外，根本就靜不下來。一下明白這個理，這叫解。然後馬上狀態、模式就改變，是自身真的改變，由內到外變一個人，從此之後善於觀察，話沒那麼多了。理解之後立刻反觀，馬上開始靜默，靜默了就代表你的模式變了，從不停表達變成善於觀察。智慧就是在靜默中產生出來的，這時你就能掌握說話的分寸。

有的人話多，聽著讓人討厭、反感，雖然你自己覺得好像說得對

人有幫助，但那只是你覺得，可不一定是別人想要的，現實中有很多這樣的人。我們在講何為解悟，理解了、有感覺了，這叫解；行為模式馬上改變，然後就開始善於觀察，立刻變一個人，而且一定得是真正的變化、改變，才叫悟。這就是解悟。

還有一種悟叫行悟，有的人修行不是從經典上來，比如不識字的人即無法從經典上修，不會誦讀經典，也看不懂經典，但是透過入靜、入定、打坐，然後念佛念咒，在這種修行的過程中，到達一定深度的時候，一下心有感悟，這就叫行悟。舉一個事實案例，不看經典，專修大悲咒，天天修大悲咒，有時間就念大悲咒，修著念著⋯⋯一下心有感悟，「啊！我不應該殺生，我不應該⋯⋯」那種感悟怎麼來的也不知道，就是在修行的過程中突然有所感悟，或者念著念著一下就明白了那個理，一下就明白了宇宙真相原來一切都是假的。

但是，行悟是突然有所感悟，一般來講都說不清楚，但是理、經、教方面還是不通，永遠不可能透過念阿彌陀佛、念大悲咒，一下就把五蘊、十二處、十八界都通達，同時通達宇宙自然的規律，如何起源、怎麼運行、什麼趨勢，一下都明白是不可能的。所以，經和教不管你怎麼悟，都還得在明師的指點下去學習。但是，行悟到底是什麼？行悟即是一下悟了以後，雖然他不知道悟了什麼，但是就是有感觸了，身體就是有感受、就是覺著悟了，而且這個人真的變了。一旦悟了，以前說話特別多，一下就開始靜默；以前特別小格局，一下格局就大了；

以前非常自私小氣，一下就心胸寬廣大方了。就是在行的過程中有所悟，而且有所改變。

但是，哪怕你在行的過程中突然熱淚盈眶，覺得好像知道了什麼，感覺特別感動，但是行為舉止、模式沒變，那只叫行，還是不叫悟。悟一定是真的改變，而這個變不是強迫的變，不論解悟還是行悟，都不是強迫自己變，而是自然而然身心就發生了變化。

所以我們現在弟子的學習和修行，就是既要講經說法、進行經教，同時也要讓大家打坐、念佛念咒，其實就是讓大家在解悟和行悟上同時前行。那麼，有的可能就在解悟上特別容易悟、容易改變；有的就在行悟上特別容易改變，有可能他就適合打坐，一打坐身心就開始變。其實真正掌握了正確的打坐方法，每一坐下去都會變，只是開始時並不知道，就像燒水一樣，不到水開沸騰不翻滾，雖然前期表面看不出來，但其實每一坐下去都會變，那是個潛移默化的過程，那是一個由量變到質變的過程。

你既可以走解悟的道路，也可以走行悟的道路，但最好是兩條路都走，兩條路一起走，就會達到證悟的狀態，證悟即是佛的大徹大悟。不能輕易說「我證悟了」，只能說我「心有所悟」即有點悟了，絕不可以說自己大徹大悟，也絕不可以說證悟，基本上是做不到的，能做到一個大悟，已經很了不得了。

悟是有層次的。所以我們說，悟不可以打妄語。可能的確是有點

感悟，但你可不要簡單去對照六祖惠能，說：「老師，可像了，我聽到『應無所住而生其心』的時候也是這種感覺，一下就悟了！」你放下吧。放下就是指你不懂，不懂的時候就是造業，這是造口業。所以，證悟一定是在解悟和行悟的基礎上，一定要結合起來之後才能進一步達到證悟，缺一不可。

我們修的就是求大徹大悟，我們求的就是證悟，就是最高境界的悟。對經典不通達不可能證悟，到最後也只能叫行悟。有的人就只會行悟，也會有一點功能出現，比如就是堅持打坐、念佛念咒，偶爾有時候會一下感覺好像心開了，感覺心開悟解，這就是行悟的感受。心「啪」一下就開了，然後我可能感覺我具備一些神通等等，這個就是行悟的一個境界。

如果只有行悟而沒有解悟，永遠不可能達到證悟。而只有解悟沒有行悟，也一定達不到證悟。就像六祖惠能，其實在「應無所住而生其心」的時候，就已經做到解悟的大悟，在理上就隨著「應無所住而生其心」，一下本體就出來了。但是，那時他講經說法、度人還是不行，還會被人追殺，所以後面還是經歷十五年的磨難，那十五年其實就是在做行悟。

解悟再加上行悟，包括孔子五十五歲的時候突然悟了，即是所謂「知天命」，但他那不叫悟，知天命是知道一個道理而已。其實是孔子五十五歲的時候研讀《易經》，突然明白了《易經》說的是什麼，

這個過程是解悟，後來到七十歲的時候他才「隨心所欲不逾矩」，在世間就遊戲人間、心想事成了，也是同樣經過十五年的行悟。所以解悟與行悟缺一不可。

我們的課程也是以此為基礎設計的，開始首先講經說法、講經典，讓大家能達到解悟，這就是我們說的顯傳部分，顯學部分是可以公開傳的。然後，同時又要教大家怎麼打坐，怎麼念咒，咒怎麼應用，以及其他的密修方法，而這些就是要讓大家行悟，即是從行悟上下功夫修。修行要精進，解悟上精進、行悟上精進，這樣才能達到證悟的感受。那種感受是，我既可以隨心隨時發出神通，又知道經教。經典的理我也通，術我也通，我知道我的神通是怎麼回事，理通了就不會被它迷進去，就能掌控它，而不是被神通掌控。所以一定是解悟、行悟兩邊同時走，最後才能達到證悟的狀態。

第一品馬上就要講完了，六祖惠能在開第一個法會的時候，給大家說的是這樣的話，「教是先聖所傳，不是惠能自智」。意思是告訴大家，一定要知道的是，他所有講的東西都是先聖傳下來的，沒有他惠能自己加的東西。所以我們在講經說法、教化眾生的時候，也一定要把這句話加上，一定要清楚自己並不是佛，這些教理智慧東西不是我自己產生出來的，或者是我創出來的，絕不是！所以每次對外講法，或是教化弟子的時候，我都要加上這一句：「所有我講的都不是我的東西，都是祖先經典，我任何時候講經說法，句句不離壇經，都是先

聖的東西。我只是給他解讀表述出來，我只是一個載體，而不是我創的。」

以後你們給你們的學生講課的時候，也一定要把這句加上，一定不能把自己當成佛，一定要清楚。我們學的都是從先聖、佛祖、孔聖人、老子、六祖惠能、伏羲這些聖人先賢那裏傳承得到的，這些先聖把宇宙自然的規律都揭示出來，而我們只是理解他們揭示的宇宙自然規律，用現在的語言表述出來，讓大家能聽得懂。我們只是一個載體，傳的是先聖的智慧而不是我的。一定記清楚，自己不要有自己的東西。我們的智力再厲害，我們再有智商，和先聖也沒法比。聖人是來做什麼的，我們又是來做什麼的。

這不是妄自菲薄。有人說：「相對於一萬年前、兩千五百年前的人，老師你為什麼就不能自信一點呢？你講得比兩千五百年前的孔子講得好多。」完全錯了！孔子之前那時候叫智人，我們這時候叫愚人，我們比人家的智慧、智商、情商都差太遠了。我們的社會並不是在向前進化，而是不斷的在退化。現在退化到什麼程度，我們已經退化到地球都不適合人類居住，人類之間除了競爭、除了衝突、除了戰爭沒有別的，資源都得透過搶才有，方方面面已經太退化，現在的醫術、管理水平、藝術造詣、哲學、信仰，與我們兩千五百年前的祖先是無法比較的，差得太遠！

為什麼現在很多人不承認這些差距？因為不瞭解我們祖先到底掌

握什麼智慧，不瞭解的情況下還妄自尊大，覺得自己比祖先強。但是，孔子兩千五百年前的經典智慧拿過來，根本不會用。六祖惠能的《六祖壇經》，一千三百年前的經典拿過來，僅僅第一品如果不詳細講解，你自己能從中看出多少智慧來。不外乎就看到六祖惠能講了一個他怎麼得法的故事，如果僅從字面去解讀的話，沒有太多東西，一小時就讀完、講完了。

但是，第一品就是整部《六祖壇經》最重要的一品，後面所有的內容都是從不同的角度對這一品的解讀。所以，六祖惠能第一個法會開啟，就告訴我們他的這些智慧是先聖所傳。諸如六祖這種聖人都是這種姿態，那我們呢？領悟先聖所傳，說明六祖惠能肯定已經達到佛的境界，達到大徹大悟和證悟的狀態。

所以，悟有六種悟：小悟、大悟、大徹大悟；解悟、行悟、證悟。這當中經典解悟是必須的，必須得學習經典，不是說什麼都不識，你就可以徹悟、證悟、大徹大悟的，不可能。

有人說：「老師六祖惠能不也沒學經典嗎，都不認字。」但是《六祖壇經》中六祖之悟，也是從經典中來的，只聽見人家誦讀《金剛經》中的一句話「應無所住而生其心」就大悟了，自此解悟之後就開始行悟，開始在現實中修行，所以才有了後來的證悟。雖然你做不到一句話就解悟，但是你可以慢慢熏，人家是頓教、頓修，一句話就悟；你一句話沒悟，水沒沸騰可以慢慢燒。惠能的水在來的時候就已經

九十九度了，再燒一度「嘩」一下水就開了；而你來的時候只有二十度，那還得再燒一會兒，那就繼續燒、熏，聽經、八部經典來回聽，熏著聽著……透過修助行，念佛念咒，我們的五根慢慢成熟，把業障壓下去、消除、化解之後，就有機緣解悟了。

五根不斷的成熟，福慧就具足，當福慧真正具足時，任何一句話、一句經典，「啪」的打到心裏，一下就悟了，都不知道具體是怎麼悟的，這就是一個量變到質變的過程。也就是我們雖沒有開始一下大悟，但是會積累無數的小悟，量變到質變的那一瞬間，我們就大悟了。然後再去修行悟，行悟就是我在打坐的過程，也是修助行的過程，都是在破業障，破業障以後，福慧才能顯露。有福才能有慧，才能福慧具足，悟是慧足的表現，即是智慧一下顯露出來。但是智慧要顯露，一定是在廣種福田的前提下。

這是缺一不可的，沒有福也絕對不可能有緣。沒有福，所有的善緣也都被業障遮蔽著。沒福絕不可能有緣，沒緣絕不可能有慧，都是相互依存、有序的。所以，不能只是為了修福田而修福田、修助行；也不能只修本體，不修助行不種福田，那本體也修不成。

第三十章

願聞先聖教者　各令淨心

各自除疑　如先代聖人無別